I0145861

Normas mínimas para la recuperación económica

Tercera edición

Normas mínimas para la recuperación económica

Tercera edición

La Red SEEP

Practical Action Publishing Ltd
Rugby, Warwickshire, UK
www.practicalactionpublishing.org

© La Red SEEP, 2018

Segunda edición publicada por Practical Action Publishing 2013
Tercera edición publicada por Practical Action Publishing 2018

ISBN 978-1-78853-019-4 tapa blanda
ISBN 978-1-78044-963-0 libro electrónico de biblioteca
ISBN 978-1-78044-973-9 libro electrónico

Todos los derechos reservados. No está permitida la reimpresión, reproducción o utilización de esta publicación de ninguna forma o por ningún medio electrónico, mecánico u otro, ya conocido o que se invente a partir de ahora, incluyendo la fotocopia y el grabado, o en cualquier sistema de almacenamiento o recuperación de la información, sin el permiso por escrito del editor.

El registro del presente libro consta en el catálogo de recursos bibliográficos de la Biblioteca Británica.

Referencia bibliográfica: SEEP (2017) *Normas mínimas para la recuperación económica, tercera edición*, Washington D.C., La Red SEEP and Rugby, UK, Practical Action Publishing <http://dx.doi.org/10.3362/9781780449630>
Se permite copiar secciones de esta publicación o adaptarlas a las necesidades locales sin el permiso de La Red SEEP, siempre que las secciones copiadas se distribuyan gratuitamente o a precio de costo, sin ánimo de lucro. Por favor, incluya en los créditos las secciones utilizadas de las Normas mínimas para la recuperación económica y a La Red SEEP.

Para acceder a esta publicación en línea, visite www.mershandbook.org

Este estudio fue posible gracias al generoso apoyo del pueblo estadounidense por medio de la Agencia de los Estados Unidos para el Desarrollo Internacional (USAID). El contenido es responsabilidad de La Red SEEP y no refleja necesariamente los puntos de vista de USAID o del Gobierno de los Estados Unidos. Esta iniciativa se lleva a cabo como parte del mecanismo AED FIELD-Support. Para acceder a más información, visite www.microlinks.org/field.

Desde 1974, Practical Action Publishing ha publicado y difundido libros e información para las labores de desarrollo internacional en todo el mundo. Practical Action Publishing es el nombre comercial de Practical Action Publishing Ltd. (Número en el Registro Mercantil: 1159018), editorial propiedad de Practical Action. Practical Action Publishing opera en el sector comercial únicamente para apoyar los objetivos de su organización benéfica matriz y todos sus ingresos se destinan a Practical Action (N.º en el Registro de Asociaciones Benéficas: 247257; Número de Identificación Fiscal: 880 9924 76).

Impreso en Reino Unido

Índice

Uso de las Normas

Este recurso no es una serie de instrucciones para implementar programas económicos en contextos humanitarios. Su objetivo es ofrecer una guía para el lector acerca de cómo debe ser una buena programación y qué debe tenerse en cuenta a la hora de planificar las actividades.

Puede leer cada sección por separado o todas seguidas. Cada sección contiene referencias a otros capítulos o secciones que también pueden ser relevantes, puesto que muchas de las Normas o acciones están relacionadas. Utilice la figura de la página 1 a modo de guía.

Este libro resultará especialmente a los profesionales que trabajan sobre el y a los trabajadores de organizaciones humanitarias que pongan en marcha programas inmediatamente tras una crisis. Los donantes, gobiernos, agentes del sector privado, redactores de propuestas y personal operativo también pueden considerarlo un punto de referencia útil a la hora de diseñar o revisar actividades de un proyecto.

Siempre existirán ciertas divergencias entre las normas universales y la capacidad de aplicarlas en cada momento. Cada contexto es distinto y las condiciones locales pueden hacer que resulte imposible cumplir esas normas. Este libro ofrece información al lector sobre los resultados finales que deberían buscar quienes implementan los programas.

Un vistazo rápido a las normas

Normas esenciales

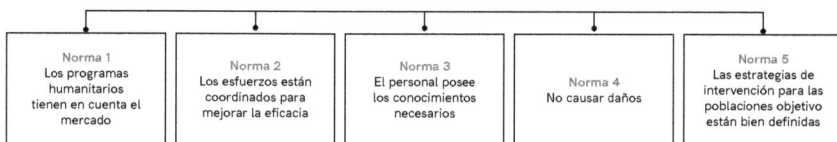

Norma 1
Los programas humanitarios tienen en cuenta el mercado

Norma 2
Los esfuerzos están coordinados para mejorar la eficacia

Norma 3
El personal posee los conocimientos necesarios

Norma 4
No causar daños

Norma 5
Las estrategias de intervención para las poblaciones objetivo están bien definidas

Normas en materia de valoración y análisis

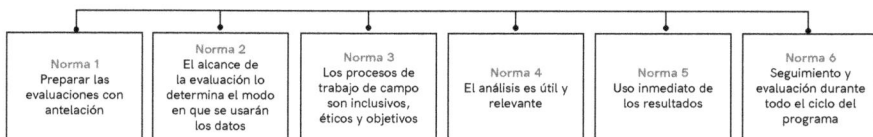

Norma 1
Preparar las evaluaciones con antelación

Norma 2
El alcance de la evaluación lo determina el modo en que se usarán los datos

Norma 3
Los procesos de trabajo de campo son inclusivos, éticos y objetivos

Norma 4
El análisis es útil y relevante

Norma 5
Uso inmediato de los resultados

Norma 6
Seguimiento y evaluación durante todo el ciclo del programa

Normas en materia de desarrollo empresarial y sistemas de mercado

Norma 1
Enviar a personal especializado en sistemas de mercado inmediatamente después de una crisis

Norma 2
Poner en marcha análisis del sistema de mercado inmediatamente después de la crisis y adaptarlos con frecuencia

Norma 3
Ser flexibles y conscientes de los riesgos

Norma 4
Trabajar con los agentes del mercado existentes y aplicar enfoques de facilitación

Norma 5
Apoyar la viabilidad y el crecimiento de empresas y sistemas de mercado

Normas en materia de distribución de activos

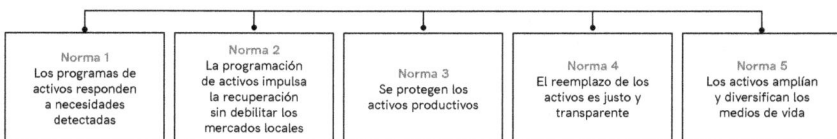

Norma 1
Los programas de activos responden a necesidades detectadas

Norma 2
La programación de activos impulsa la recuperación sin debilitar los mercados locales

Norma 3
Se protegen los activos productivos

Norma 4
El reemplazo de los activos es justo y transparente

Norma 5
Los activos amplían y diversifican los medios de vida

Normas en materia de servicios financieros

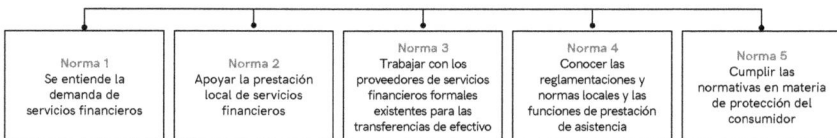

Norma 1
Se entiende la demanda de servicios financieros

Norma 2
Apoyar la prestación local de servicios financieros

Norma 3
Trabajar con los proveedores de servicios financieros formales existentes para las transferencias de efectivo

Norma 4
Conocer las reglamentaciones y normas locales y las funciones de prestación de asistencia

Norma 5
Cumplir las normativas en materia de protección del consumidor

Normas en materia de empleo

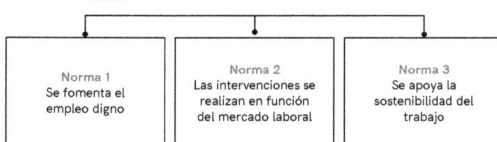

Norma 1
Se fomenta el empleo digno

Norma 2
Las intervenciones se realizan en función del mercado laboral

Norma 3
Se apoya la sostenibilidad del trabajo

¿Quién debería usar las MERS?

Todo aquel que planifique o ponga en marcha programas económicos o de subsistencia en el contexto humanitario debería usar las Normas mínimas para la recuperación económica (*MERS*). También resultarán útiles para el personal operativo que adquiera o suministre grandes volúmenes de productos para una zona específica (como distribuciones de bienes no alimentarios) para comprender cómo evitar un impacto negativo en el mercado. Los donantes, gobiernos, agentes del sector privado, redactores de propuestas y personal encargado de las valoraciones encontrarán en estas Normas un recurso útil para diseñar o revisar actividades de un proyecto.

¿Cuándo deben aplicarse estas Normas?

Siempre que sea posible.

Las Normas se han diseñado para ser utilizadas antes de una crisis, en los primeros días de respuesta, durante la recuperación o al comienzo de un proyecto de desarrollo a más largo plazo. Resultan útiles siempre que se interactúe con un mercado, tanto si la respuesta es neutra respecto a este, como si lo tiene en cuenta o está integrada en este. Pueden utilizarse para cualquier mercado y para programas donde los resultados económicos o de subsistencia no son el objetivo principal de las actividades.

Asuntos transversales y grupos objetivo específicos

Al revisar las *MERS*, se ha prestado especial atención a aquellos puntos relevantes para varias Normas. Estos son: 1) género, 2) incapacidad, 3) preparación, 4) resistencia, 5) protección y 6) medio ambiente. En lugar de tratarse de forma paralela, se han incorporado en las secciones correspondientes de cada capítulo.

Este libro no puede abordar minuciosamente todos los asuntos transversales de varias normas, pero reconoce su importancia e incluye referencias a otras normas y recursos relacionados donde el lector puede obtener más información.

Un punto que deben recordar quienes no están familiarizados con la implementación de programas económicos es la importancia de tener en cuenta a beneficiarios potenciales que normalmente no se considerarían vulnerables a la hora de establecer objetivos Al no ser vulnerables, a menudo son el único sostén económico para sus familias o pueden contratar a otros que sí son vulnerables. Pueden formar parte de la solución, llegando a los que más lo necesitan a través de las estructuras comunitarias.

Cómo leer las MERS: la diferencia entre Normas, Indicadores, Acciones clave y Notas de orientación

Cada capítulo presenta una serie de *Normas* con *Acciones clave*, *Indicadores clave* y *Notas de orientación* para cada norma.

Las *Normas* son cualitativas: su objetivo es ser universales y aplicables en cualquier entorno. Se trata de puntos de referencia que permiten evaluar la calidad de un conjunto de actividades. Las *Acciones clave* son las tareas que los profesionales pueden llevar a cabo para cumplir las normas mínimas. No obstante, el hecho de realizar una acción clave no significa que se cumpla automáticamente la norma. Los *Indicadores clave* son 'señales' que muestran si se ha cumplido un estándar mínimo. Son un modo de medir y comunicar procesos y resultados de acciones clave, y pueden ser cuantitativos o cualitativos. Las *Notas de orientación* presentan puntos específicos que deben considerarse al aplicar las normas mínimas, acciones clave e indicadores clave en distintas situaciones. Incluyen indicaciones sobre cómo enfrentarse a dificultades específicas o consejos sobre asuntos prioritarios.

Una breve introducción a las MERS, Esfera y la Cooperación de normas humanitarias

¿Qué es Esfera? El proyecto Esfera y su Manual son conocidos por fomentar la calidad y la rendición de cuentas en la respuesta humanitaria. En 1997, un grupo de organizaciones no gubernamentales (ONG) humanitarias, Cruz Roja Internacional y Media Luna Roja lo pusieron en marcha con el objetivo de mejorar la calidad de sus acciones durante la respuesta a los desastres y rendir cuentas de las mismas. La filosofía de Esfera se basa en dos principios básicos esenciales: en primer lugar, que los afectados por un desastre o conflicto tienen derecho a vivir con dignidad y, así pues, derecho a la asistencia; y en segundo lugar, que debe realizarse cuanto sea necesario para aliviar el sufrimiento humano que pueda producir un desastre o conflicto. El proyecto Esfera, en su esfuerzo para materializar estos dos principios, elaboró una Carta humanitaria y enumeró una serie de normas mínimas que han de respetarse en los sectores clave para la supervivencia y que ahora están plasmadas en el Manual.

En 2007, un grupo de profesionales, miembros de la Red SEEP, reconoció la necesidad de aplicar las normas de Esfera en los programas económicos que se desarrollen en contextos humanitarios. Al ser conscientes de que a menudo se perdían oportunidades o que la implementación en marcha de los programas no era buena, este grupo trató de explorar buenas prácticas emergentes y diseñar intervenciones coherentes y técnicamente correctas. Con la ayuda de la oficina de USAID de la U.S. Foreign Disaster Assistance (Oficina estadounidense dedicada a la asistencia en desastres en el extranjero), se redactaron las *Normas mínimas de recuperación económica (MERS)* en un espacio colaborativo donde los profesionales de diversos campos dieron forma a un concepto común para mejorar los programas. Desde entonces, las *MERS* han sido objeto de dos minuciosas revisiones colaborativas. Esta es la tercera edición y contiene las aportaciones de cientos de profesionales y líderes de opinión en los diez últimos años.

Además de las MERS, Esfera reconoce ahora cuatro Normas Comunes: *Normas mínimas INEE para la educación: Preparación, Respuesta y Recuperación; Directrices y normas de emergencia para el sector ganadero (LEGS, por sus siglas en inglés); Normas mínimas para la protección de la infancia en la acción humanitaria (CPMS por sus siglas en inglés)*; y la *Norma mínima para el análisis del mercado (MiSMA, por sus siglas en inglés)*.

La Cooperación de normas humanitarias (HSP, por sus siglas en inglés), que comenzó en 2015, surgió del modelo de alianza de Esfera, y promueve la complementariedad y la coherencia entre normas técnicas. La HSP explica el qué, cómo y porqué del trabajo humanitario, y su trabajo incluye: *La Carta humanitaria*, que sienta una base ética y legal para la respuesta humanitaria; los *Principios de protección*, que establecen cómo proteger a las personas de la violencia, cómo evitar causar daños, cómo garantizar el acceso a la asistencia imparcial y ayudar en la recuperación tras el abuso; la *Norma humanitaria esencial*, que describe los elementos esenciales de una acción humanitaria de calidad, efectiva y que rinda cuentas, y las *Normas mínimas*, que presentan puntos de referencia universales para la asistencia en refugios y en asentamientos; acceso al agua y al saneamiento y la promoción de la higiene; seguridad alimentaria y nutrición; salud; educación; protección infantil; ganado; y recuperación económica y análisis del mercado.

Las Normas Comunes complementan así a las *MERS*:

- *Las Normas mínimas INEE* enfatizan la importancia de asegurar la educación para la subsistencia y el empleo – mediante el desarrollo de pequeñas empresas, educación financiera, educación técnica y profesional y formación – para los hombres y mujeres jóvenes, especialmente los pertenecientes a grupos vulnerables que no hayan completado la educación básica. Fomentan el análisis de los mercados de trabajo y la colaboración con los sectores económicos y de recuperación temprana para asegurar que los conocimientos empresariales aprendidos resulten útiles, y que los programas sean relevantes para el futuro trabajo.

- *LEGS* profundiza en el contexto de las *MERS* estableciendo puntos de referencia respecto al ganado, un activo productivo esencial del que dependen en gran medida el bienestar social y económico de un número muy importante de comunidades. Con el trasfondo del cambio climático, causante del aumento de todo tipo de desastres, *LEGS* también ofrece orientación para el trabajo con comunidades dependientes del ganado en entornos frágiles, áridos y semiáridos.

- *CPMS* ofrece un conjunto adicional de normas relativas al trabajo de protección infantil en entornos humanitarios, incluyendo orientación sobre cuestiones de trabajo infantil, cómo confluyen los sectores de la protección infantil y la recuperación económica, y la liberación y reintegración de niños que han formado parte de fuerzas o grupos armados.

- *MiSMA*, desarrollada por Cash Learning Partnership (CaLP), casa a la perfección con las *MERS*, puesto que ambas se basan en el principio de que el análisis del mercado debería aumentar la calidad de la respuesta y limitar los daños potenciales. El contenido principal de ambos conjuntos de normas es similar, y su principal diferencia radica en que *MiSMA* está destinada a su uso por parte de profesionales humanitarios de diversos sectores en situaciones de emergencia, mientras que las *MERS* examinan más en detalle las actividades de recuperación económica e incluyen en el análisis de mercado las economías familiares y limitaciones económicas más amplias. No obstante, ambas pueden aplicarse en varias etapas, desde la preparación hasta la recuperación temprana.

La revisión de la tercera edición de las MERS es fruto de un intenso proceso de colaboración en el que más de 90 organizaciones han trabajado durante todo un año. Dos reuniones de redacción, y consultas en Ginebra, Dakar, Ciudad de Panamá, Nueva Delhi, Beirut y Londres, en las que más de 175 personas participaron en el proceso de redacción de borradores y revisión. Un comité guía se encargó de la supervisión y orientación para asegurarse de que se incluían las perspectivas de múltiples partes interesadas y de que el documento final era exhaustivo y accesible.

Para acceder al documento online y obtener más recursos y publicaciones, visite www.mershandbook.org.

Normas Esenciales

Norma 1
Los programas humanitarios tienen en cuenta el mercado

Norma 2
Los esfuerzos están coordinados para mejorar la eficacia

Norma 3
El personal posee los conocimientos necesarios

Norma 4
No causar daños

Norma 5
Las estrategias de intervención para las poblaciones objetivo están bien definidas

1 Normas Esenciales

Los mercados desempeñan un papel esencial en el modo en que las personas sobreviven, por lo que es imprescindible comprender cómo funcionan durante una crisis y como la respuesta humanitaria puede de mejor modo contribuir. Los mercados son un espacio físico o virtual donde las personas y las empresas compran y venden productos y servicios; y la respuesta se lleva a cabo tanto dentro de la economía del país como en su área geográfica. Las intervenciones deben tener en cuenta las realidades del mercado y el modo en el que los sistemas de mercado conectan a los agentes, las dinámicas de gobierno y poder, y los espacios formales e informales donde se reúnen los individuos, los hogares y las empresas de todos los tamaños.

Sin duda, las crisis afectan a los mercados, pero no siempre de modos predecibles. Las crisis pueden alterar actividades y relaciones específicas en un mercado o hacer que estos se desmoronen por completo. Como resultado, los individuos, hogares y empresas pueden verse forzados a emprender acciones que mermen su bienestar actual y su futura viabilidad. En el caso de los hogares, esto puede traducirse en una peor alimentación, la reducción del gasto en cuidados médicos y otras necesidades esenciales, la desescolarización de los niños y la venta de activos productivos, como el ganado. Las empresas pueden verse forzadas a retrasar el mantenimiento y las inversiones, vender su equipo y despedir a trabajadores. Es importante recordar que algunos mercados crecen durante y después de una crisis, y algunos incluso progresan muy favorablemente en estas situaciones.

Las *MERS* están incluidas en el *Manual de Esfera* y, por consiguiente, comparten los mismos principios de calidad y rendición de cuentas respecto al cumplimiento de las normas humanitarias. En concreto, las Normas esenciales de las *MERS* van en la misma línea que las Normas humanitarias esenciales (CHS) e intentan asemejarse a estas Normas adaptadas específicamente para quienes trabajan en la recuperación económica. El objetivo de vincular las MERS y la CHS es establecer una mayor rendición de cuentas ante las poblaciones afectadas.

Las Normas Esenciales de las *MERS* ayudan a asegurar que los programas cumplen los requisitos más básicos de las tareas para la recuperación económica y que las intervenciones contribuyen a que las personas obtengan ingresos (ya sea mediante un empleo asalariado o como autónomo) y reconstruyan su vida, según sus propias condiciones, con dignidad.

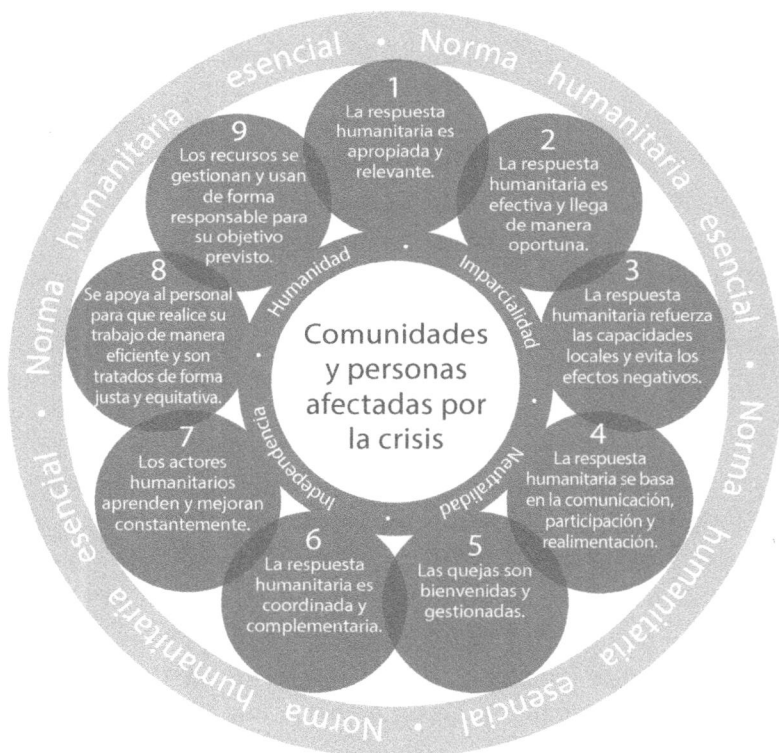

Norma esencial 1
Los programas humanitarios tienen en cuenta el mercado

El diseño del programa y las decisiones de su ejecución tienen en cuenta el contexto, la dinámica del sistema de mercado y las comunidades.
La programación de los sistemas de mercado parte de las necesidades de los grupos objetivo.

Acciones clave

- Descubrir con qué mercados podría trabajar el programa hablando con los equipos de suministros, logística y otros equipos operativos, además del equipo del programa.
- Averiguar si se ha realizado la evaluación o el análisis del mercado. Si no es así, realizar uno para desarrollar intervenciones basadas en las necesidades de la población y en la sostenibilidad de las actividades. Incluir un cálculo de la viabilidad económica a través de un análisis de rentabilidad y/o un estudio de viabilidad (véase también *Normas en materia de valoración y análisis*).
- Utilizar los análisis para elegir las actividades de su programa. Tener en cuenta el nivel correcto de intervención en el mercado y la opinión de diversas partes interesadas, entre ellas la comunidad. Utilizar mecanismos de mercado existentes, salvo si hubiera un motivo de peso para no hacerlo.
- Consultar a las partes interesadas correspondientes del sector público y privado para trabajar conjuntamente.
- Establecer sistemas de seguimiento para recopilar y analizar información acerca del mercado y del impacto del programa. Transmitir esta información (incluyendo el impacto social) para llevar a cabo un análisis que permita incorporar mejoras constantes.
- Informar al personal, a los socios y miembros de la comunidad del objetivo de las actividades económicas y explicar con claridad a quiénes están destinadas.
- Implicar a la población objetivo durante todo el ciclo del programa.

Indicadores clave

- Las intervenciones invierten en actividades económicamente viables destinadas a mercados estables o en crecimiento.
- Las intervenciones no alteran negativamente los mercados.
- Las intervenciones deberían ser apropiadas y relevantes, con una lógica clara en el modo de satisfacer las necesidades de las personas y respaldar sus capacidades.
- Las intervenciones cuentan con un sistema de seguimiento para permitir una evaluación regular y continua de los cambios (p. ej., precios de mercado, riesgos para los agentes del mercado). Los programas se adaptan frecuentemente en función de los cambios del mercado y las condiciones sociales.

Notas de orientación

1 Sistemas de mercado

La recuperación económica debería priorizar las intervenciones que funcionen en varios niveles del mercado, desde los proveedores de insumos a los productores, mercados finales y legisladores. Los programas que funcionan en un solo nivel y no reconocen estas interconexiones corren el riesgo de perder oportunidades y generar alteraciones en el mercado que traerían consigo consecuencias en la sociedad. Las intervenciones pueden requerir una amplia variedad de actividades para lograr el mayor impacto posible.

👍 Ejemplo

Los residentes de campamentos para desplazados internos (DI) en el norte de Uganda cuentan con experiencia previa en la producción de algodón, pero ya no tienen recursos para comenzar a plantar algodón de nuevo. Dunavant, la procesadora regional de algodón, tiene un déficit de suministro de algodón puro y busca proveedores. En lugar de apoyar a estas personas desplazadas distribuyendo directamente semillas de algodón, las organizaciones de ayuda a la recuperación trabajan con Dunavant para vencer los obstáculos significativos para la producción de algodón en los campamentos, tales como la recolección del algodón dentro de la seguridad del campamento y el acceso a aperos para limpiar y arar la tierra. Al trabajar tanto con los beneficiarios como con la empresa privada que comprará lo que ellos producen, el proyecto crea oportunidades de medios de vida a largo plazo para muchos de estos desplazados, lo cual no habría sido posible solamente con la distribución de semillas.

> **⚠ Historia con moraleja**
>
> Una organización de asistencia había estado suministrando agua con camiones durante años en una zona propensa a la sequía, partiendo del supuesto de que los hogares pobres tenían problemas de acceso al agua. Sin embargo, tras realizar un estudio de mercado, el equipo descubrió que el mercado del agua podía satisfacer las necesidades de la comunidad, es decir, esta organización había estado gestionando un sistema paralelo. El problema real era el poder adquisitivo de los hogares ya que el precio del agua aumentaba durante las sequías. La organización cambió su programa y pasó a apoyar a una empresa comunitaria que se encargó de gestionar el agua que traían los camiones locales, así como su distribución a través de un sistema de cupones para asegurar que llegaba a los grupos vulnerables. La cobertura de los grupos objetivo aumentó significativamente y esta alternativa se convirtió en la preferida del gobierno local.

2 Viabilidad

La elección de las actividades de programa correctas depende del conocimiento de los mercados en los que se encuentran las empresas y los hogares. Los programas de recuperación económica deberían orientar a las empresas y hogares hacia mercados en crecimiento, estables o que cuya demanda no esté cubierta, a fin de crear oportunidades de empleo o mayores ingresos para mantener los medios de subsistencia. Al fin y al cabo, los mercados decrecientes o no competitivos no son sostenibles. Una asistencia que impulse a las personas a quedarse en estos mercados debilitará sus medios de subsistencia a largo plazo. Además, los mercados no competitivos disponen de menos incentivos para fomentar la inversión de los empresarios, adoptar nuevas tecnologías o beneficiarse de las actividades de los programas. Esto limita la eficacia de los programas y minimiza el objetivo principal de ofrecer oportunidades de sustento viables a las comunidades afectadas por la crisis. La comprensión de los sistemas del mercado afectados y de los mercados en general es un paso esencial que se aborda en las *Normas en materia de valoración y análisis* así como en las *MiSMA*.

Por otro lado, las actividades de recuperación económica deberían dirigirse a grupos o individuos capaces de mantener y expandir su actividad económica en el futuro. Si los grupos vulnerables no tienen capacidad para mantener una actividad, es mejor que, además de ayuda para los medios de subsistencia, reciban transferencias de dinero y otras intervenciones de los sistemas de la red de seguridad social, así como cursos de capacitación para que aprendan ciertas habilidades para el futuro. Este tipo de intervenciones suplementarias deberían tener en cuenta las necesidades, las capacidades y los riesgos específicos de los subgrupos (las mujeres, personas con discapacidades, las identidades) para garantizar su inclusión, protección y eficacia.

> **⚠ Historia con moraleja**
>
> Una agencia lleva a cabo una valoración de los medios de subsistencia y descubre que muchas personas están interesadas en la ganadería como actividad económica. El programa suministra a los hogares vacas, ovejas y cabras con la idea de que venderán las crías de los animales para ganarse la vida. No obstante, la agencia no consultó con la comunidad de forma lo suficientemente exhaustiva como para comprender que la mayoría de los hogares no contaban con recursos para cuidar a los animales, puesto que no tenían ni acceso a pastos ni a servicios veterinarios asequibles. Como consecuencia, a muchos hogares les resultó más fácil vender los animales inmediatamente, sin obtener valor añadido cebándolos u ordeñándolos. Otros hogares perdieron sus animales por enfermedad.

③ Distorsión del mercado

A pesar de tener las mejores intenciones, muchas intervenciones para desarrollo o emergencia pueden crear distorsiones en los mercados. Las distorsiones en los mercados comprenden cualquier resultado no buscado que afecte negativamente a un sistema de mercado, abarcando desde fluctuaciones extremas de los precios hasta la destrucción de un mercado. Es responsabilidad de quienes intervienen en situaciones de crisis asegurarse de que sus intervenciones no sustituyan a actores y productos locales ni creen ninguna otra distorsión perjudicial. Las intervenciones deberían crear efectos positivos que trasciendan sus objetivos económicos, como, por ejemplo, consiguiendo resultados que empoderen a las mujeres.

El objetivo principal de las actividades es ayudar a los mercados locales a recuperarse y apoyarles para que sirvan a las comunidades afectadas. Sin embargo, es importante tener cuidado con actividades que pudieran distorsionar los mercados o perjudicar a las comunidades, tanto de forma inmediata como a largo plazo. Se pueden diseñar intervenciones que incluyan iniciativas de abastecimiento a nivel local y apoyo a las empresas locales para mitigar el riesgo de distorsión del mercado, y que sirvan también para asegurarse de que los productos sean culturalmente apropiados y se adapten a las preferencias locales (véanse también las *Normas en materia de distribución de activos*). La recopilación y el análisis de datos en un plazo razonable durante las intervenciones pueden garantizar que el abastecimiento local y otras actividades no creen distorsiones en el mercado. Una de las distorsiones del mercado que requiere especial atención es la corrupción. Aunque la corrupción existe en numerosos mercados, no solo en los mercados posteriores a situaciones de crisis, es importante que en los programas se tome conciencia de la misma y se adopten medidas preventivas para combatirla, en lugar de reforzarla o permitir que prolifere. De esta forma, también se pueden reducir posibles conflictos.

> **⚠ Historia con moraleja**
>
> Tras el tsunami del océano Índico, muchas organizaciones fomentaron programas de pago de efectivo a cambio de trabajo como iniciativa para inyectar dinero en las economías y ayudar a los hogares a satisfacer las necesidades de subsistencia básicas. No obstante, muchos de estos programas ofrecían salarios diarios mucho más altos que los que obtenían los agricultores locales en sus actividades agropecuarias habituales. Muchos hogares dejaron de trabajar en granjas o en otras empresas de producción a pequeña escala para aprovecharse de los programas de pago de efectivo a cambio de trabajo a corto plazo. Esto influyó negativamente en la disponibilidad de alimentos y otros productos locales, y es probable que también tuviera un impacto perjudicial a más largo plazo en la producción agrícola. Un análisis social y de mercado más profundo podría haber servido para distinguir quiénes podrían ser los posibles trabajadores a los que dirigir los programas, recomendando precios por el trabajo diario que no desincentivasen la producción local.

④ Respuesta a condiciones de mercado cambiantes

Los mercados son dinámicos, especialmente en entornos en crisis. Una supervisión continua de los sistemas de mercado y de las empresas y hogares objetivo ayudará a identificar nuevas oportunidades y limitaciones. La supervisión periódica también servirá para determinar como ajustar de la mejor manera posible los proyectos de inversión (tanto en lo que respecta al tiempo como al financiamiento) en las intervenciones, a fin de tener un mayor impacto. Las estrategias eficaces pueden abordar desde el seguimiento de los cambios en lo que respecta a la disponibilidad de los servicios e información esencial para pequeños agricultores hasta la supervisión de los precios locales y las reuniones con los mayoristas de la región, pasando por el seguimiento más complicado de los precios y la evolución de los precios regionales e internacionales de las materias primas (véase también la *Norma en materia de valoración y análisis 1*).

Norma esencial 2
Los esfuerzos están coordinados para mejorar la eficacia

A fin de lograr la máxima eficiencia, cobertura y eficacia, las intervenciones se planifican e implementan de forma coordinada con las autoridades competentes, las agencias humanitarias, las organizaciones de la sociedad civil y los actores del sector privado. La coordinación es tanto interna como externa.

Acciones clave

- Determinar si se ha realizado un análisis del entorno de las partes interesadas en el área afectada. Este análisis puede incluir a transportistas, agentes gubernamentales, cooperativas de productores, sindicatos y economatos. Si no se ha realizado el análisis, se debe considerar la posibilidad de hacerlo para comprender mejor qué entidades o agentes deberían formar parte de las iniciativas para la coordinación, analizando sus capacidades, dinámicas de poder y qué actores están marginados o excluidos.
- Examinar el marco normativo del mercado, si existe.
- Informarse acerca de las responsabilidades, los objetivos y la función coordinadora que desempeñan las autoridades gubernamentales y otros colectivos competentes para la coordinación.
- Desde el principio, participar en las reuniones de coordinación que se celebren con actores locales, nacionales e internacionales, y evitar crear nuevas estructuras siempre que sea posible. Utilizar estos grupos para llevar a cabo evaluaciones conjuntas, transmitir los resultados y otros datos pertinentes y/o formular estrategias y programas de intervención.
- Ofrecer información acerca del cometido, los objetivos y los programas de recuperación económica de la agencia a los organismos de coordinación competentes y las partes interesadas de ámbito local.
- Analizar el entorno, las políticas gubernamentales y los objetivos del programa a fin de decidir si se necesita una estrategia de promoción para obtener resultados de los programas. Colaborar con otras agencias que pongan en marcha iniciativas para reforzar el apoyo en asuntos esenciales.
- Aclarar las prácticas de la agencia en lo que respecta a la coordinación y las asociaciones colaborativas con el sector privado y otros actores durante las actividades de respuesta.

Indicadores clave

- Las intervenciones y los programas de las distintas agencias no se duplican en las mismas áreas geográficas o sectoriales.
- Los programas intercambian con regularidad informes de evaluación y otros datos con donantes, agencias que implementan iniciativas, grupos de interés gubernamentales, líderes locales, otros actores humanitarios y el sector privado.
- Los compromisos adquiridos en las reuniones de coordinación se cumplen y se informa acerca de ellos en un plazo razonable.
- Las organizaciones, los programas y los proyectos que no puedan abordar las necesidades señaladas o no sean capaces de alcanzar las normas mínimas indican cuáles son sus lagunas para que otros puedan ayudarles.
- La estrategia de respuesta de una organización refleja la capacidad y los planes de otras agencias humanitarias, de las organizaciones de la sociedad civil y las autoridades competentes.
- Las transferencias y el reparto de activos se coordinan, secuencian y ajustan la economía local para evitar que las respuestas se desautoricen entre sí.
- Existe un mecanismo de transmisión de información entre los grupos de interés.

Notas de orientación

1 Mecanismos de coordinación

Las respuestas no coordinadas causan duplicidad, ineficiencia y conflictos potenciales en las estrategias de los proyectos y las intervenciones. Esto resulta especialmente grave en programas de recuperación económica en los que los programas de las distintas organizaciones se perjudican entre sí y no se coordinan. Un ejemplo de ello son los casos en los que las agencias de la misma zona geográfica o ubicación ofrecen préstamos y subvenciones al mismo grupo objetivo con los mismos fines, pero a diferentes precios y con distintas condiciones. La falta de coordinación también puede suponer una carga para las personas afectadas por un desastre si varios equipos solicitan la misma información para las valoraciones de mercado, cuando las agencias podrían directamente compartir esta información. La colaboración optimiza los recursos: una iniciativa coordinada entre las comunidades, los gobiernos de los países de acogida, los donantes y las agencias humanitarias con distintos cometidos y conocimientos técnicos incrementa la cobertura y la calidad.

2 Roles de coordinación

La función y la responsabilidad principal del gobierno del país afectado es atender a las organizaciones que prestan asistencia y coordinar sus respuestas humanitarias. Las agencias humanitarias desempeñan un papel fundamental, apoyando a los gobiernos y respetando su función de coordinación. No obstante, en algunos contextos, es posible que las autoridades gubernamentales (y algunos grupos de la sociedad civil) sean responsables de abusos e incumplimientos o presten asistencia de una manera que no sea imparcial. En este tipo de contextos, una respuesta coordinada con las partes implicadas en el conflicto podría resultar inapropiada. En los casos en los que el país desee colaborar, pero no tenga capacidad para ello, las agencias humanitarias deberán ayudar al país a cumplir sus responsabilidades. En estas situaciones, compartir información entre todos los sectores, de la forma más rápida posible, permitirá a las agencias atender las necesidades de la población afectada con mucha más rapidez y eficacia. Algunos de los foros comunes donde las ONG comparten este tipo de información son los grupos dirigidos por la ONU, como la Oficina de Coordinación de Asuntos Humanitarios (OCHA), el Centro de Información Humanitaria y las reuniones de grupos en los casos de emergencias declaradas por la ONU. Los mecanismos de coordinación pueden ser reuniones mensuales o trimestrales, listas de distribución de correo electrónico, las 4 W (del inglés, quién, qué, dónde y cuándo) o un foro de una ONG.

3 Transparencia en la definición de objetivos

El clima de tensión puede ser grave en situaciones de crisis y posteriores a las crisis. Es importante hacer esfuerzos por comunicarse de forma honesta y eficaz con todas las partes interesadas. Para ello, pueden emplearse mecanismos transparentes, como reuniones con la comunidad o comités locales. La información acerca de los programas, las decisiones, así como los criterios y las oportunidades de participación, deberían transmitirse a todas las partes afectadas por las crisis. Compartir la información sirve para que haya menos malentendidos, especialmente cuando el programa ofrece recursos solo a ciertas personas o un servicio nuevo para la comunidad.

4 Transparencia en el enfoque

Las organizaciones que trabajen con el sector privado deberán comunicar sus políticas de modo que resulten claras para las comunidades y las demás partes interesadas. Las necesidades de los afectados por la crisis son notables y es posible que las partes interesadas no comprendan o perciban hasta qué punto pueden ser convenientes las asociaciones colaborativas con el sector privado para satisfacer las necesidades relativas a la subsistencia de los afectados. La transparencia y la explicación de por qué las organizaciones trabajan con el sector privado y otros actores locales, incluidos los compromisos y los beneficios potenciales, reducirán la confusión acerca de las funciones de las distintas partes asociadas en el programa. Las organizaciones humanitarias que trabajen con actores del sector privado deberían partir del trabajo realizado por el equipo de Protección contra el Abuso y la Explotación Sexual (PSEA) e imponer la protección de datos que preserva a las partes participantes en el programa. Deberán formalizarse medidas de protección dentro de los contratos y los procedimientos operativos habituales. Estas medidas deberán supervisarse con regularidad.

👍 Ejemplo

En un área propensa a la crisis, el gobierno local era muy reticente a que fuese una agencia humanitaria la que implementase las pautas de facilitación de los sistemas de mercado. Querían ayuda financiera directa para los hogares, puesto que esto es a lo que están acostumbrados (y les resulta más fácil de controlar), a pesar de que estaba causando inseguridad alimentaria en la zona, ya que muy pocas empresas podían mantener las ventas de productos alimentarios al por mayor. Gracias a la intensa actividad promocional dirigida a los funcionarios del gobierno y la formación impartida al personal más joven del gobierno acerca de las *MERS*, las autoridades locales comprendieron que, con nuestro enfoque, las posibles ventajas eran mucho mayores y olvidaron sus objeciones.

5 Dar a conocer las lagunas

Una vez que se identifican las lagunas de la programación y se comparten con otras agencias de respuesta humanitaria, las agencias con los conocimientos técnicos adecuados o con capacidad suficiente pueden corregir fácilmente las deficiencias. La información relativa a las ubicaciones de los proyectos, la implicación de los socios locales y las necesidades que van surgiendo debe comunicarse lo antes posible a los organismos de coordinación correspondientes. La respuesta debería coordinarse mediante los mecanismos existentes (p. ej., a través de grupos o entre agencias) y debe estar destinada a identificar las lagunas los recursos y las nuevas colaboraciones.

👍 Ejemplo

Una agencia de ayuda humanitaria detecta que existe una gran demanda de instrumentos de crédito y ahorro entre su población objetivo, pero la agencia no dispone de la capacidad técnica para prestar estos servicios. En su lugar, ayuda presentando al personal de una institución microfinanciera local a los líderes de la comunidad de las zonas objetivo e informando a otras agencias acerca de la demanda de servicios financieros para que puedan comenzar a analizar el mejor modo de satisfacer estas necesidades.

6 Fijación de precios, salarios y valoración de transferencias

En el caso de las intervenciones en las que se entregan activos a las personas y grupos objetivo (como programas de transferencias de efectivo, las iniciativas de pago de efectivo a cambio de trabajo o la distribución de equipos o cupones), el valor de los activos distribuidos debería ir en consonancia con lo dispuesto en las normas de Esfera y basarse en un análisis de los actuales precios del mercado y las necesidades de los hogares. El valor de estos activos debe coordinarse abiertamente entre los donantes y las agencias que ejecutan las iniciativas, y deberían ser acordes a las políticas gubernamentales cuando sea necesario, de modo que no existan distorsiones en cuanto a precios o se desplace a los proveedores existentes del sector privado. También deben aplicarse principios igualitarios a la hora de establecer los salarios de trabajo. A la hora de fijar los salarios para las iniciativas de pago de efectivo a cambio de trabajo se debe tener en cuenta el mercado laboral local para evitar aumentar las desigualdades económicas y sus consecuencias sociales, así como para prevenir la «caza» o atracción de trabajadores que hasta ahora tenían un empleo con un salario más bajo, pero más estable (véanse también las *Normas en materia de distribución de activos* y las *Normas en materia de empleo*).

👍 Ejemplo

Después del terremoto en Haití, muchas organizaciones diseñaron programas de trabajo a cambio de dinero en efectivo. En lugar de establecer un salario de forma independiente, las agencias colaboraron entre sí y con el gobierno para fijar un precio diario por mano de obra local que no fomentase que los trabajadores dejasen los puestos de trabajo que tenían (ya fuesen empleos remunerados o trabajos realizados como autónomos), pero que cubriese las necesidades básicas relativas a los medios de subsistencia de las personas más afectadas por la crisis y que necesitaban ayudas en efectivo de forma inmediata. Estos precios se ajustaron en función de las necesidades de las distintas áreas geográficas y sectoriales, estableciendo distintos salarios por mano de obra.

Norma esencial 3
El personal posee los conocimientos necesarios

Las personas que trabajan en los programas comprenden los principios para la recuperación o tienen acceso a asistencia técnica. Los programas incluyen instrumentos de capacitación para mejorar las habilidades económicas relevantes del personal.

Acciones clave

- Desarrollar sistemas de recursos humanos (RR.HH.) que permitan a la organización encontrar personas competentes que aúnen talento y la experiencia necesaria para las iniciativas de ayuda para la recuperación económica. Cuando no es posible identificar al personal apropiado, se puede sopesar la idea de colaborar con una agencia que cuente con las habilidades necesarias, en lugar de implementar directamente las iniciativas.
- Asegurarse de que existen mecanismos para la creación de redes y para compartir conocimientos a fin de que otras personas de la organización puedan aprender algo de cada entorno de crisis.
- Presupuestar el tiempo y recursos necesarios para la formación del personal y el desarrollo profesional. Asegurarse de que el personal obtiene formación de forma continua en materia de protección, protección infantil, género, inclusión, códigos de conducta apropiados y otros temas pertinentes.
- Desarrollar sistemas de gestión y evaluación del personal que fomenten la responsabilidad del personal con respecto a los resultados obtenidos.
- Animar a los responsables a liderar a sus equipos de modos flexibles y a ser creativos para hacer frente a contextos humanitarios en continuo cambio.
- Propugnar que se fomenten las *MERS* dentro del gobierno y las agencias de financiamiento bilaterales y multilaterales. Los donantes desempeñan un papel esencial para el financiamiento de programas de recuperación después de situaciones de crisis; por lo que su receptividad hacia las *MERS* es extremadamente importante.

Indicadores clave

- El personal que trabaja en los programas de recuperación económica cuenta con la cualificación técnica, los conocimientos relativos a las actividades económicas locales, las culturas y las costumbres, la dinámica en casos de conflictos o la experiencia en recuperación económica previa pertinente. Estas habilidades deben complementar a las del equipo para añadirles valor.
- El personal técnico y directivo cuenta con la formación, los recursos y el apoyo logístico necesarios para cumplir sus responsabilidades.
- Los directivos son responsables de lograr los objetivos del programa y cumplir las directrices del *Manual de Esfera*, las normas asociadas pertinentes, las *MERS* y las directrices de recuperación económica de sus agencias.
- Se publica un código de buenas prácticas y conductas (que aborda la protección infantil y políticas para casos de explotación sexual y abuso), que deben conocer los socios y las comunidades afectadas. Se aplican procedimientos de información seguros, transparentes y confidenciales, y las reclamaciones se estudian y se gestionan en un plazo razonable.

Notas de orientación

1 Compromiso con la Norma humanitaria esencial 8

Esta norma establece que las comunidades y las personas afectadas por una crisis reciben la asistencia que requieren por parte de personal y de voluntarios bien gestionados. Por lo tanto, el compromiso requiere que las organizaciones apoyen al personal para que puedan llevar a cabo su trabajo con eficacia y traten al personal de forma justa y equitativa.

② Habilidades técnicas adecuadas

Los gestores de programas de recuperación económica deberán tener experiencia en el diseño y la implementación de programas de recuperación económica impulsados por los mercados en entornos rurales o urbanos y además deben conocer las dinámicas de los mercados, las cadenas de valor, la oferta y la demanda, etc. Los conocimientos técnicos deben reforzarse a corto plazo mediante la asistencia que sea necesaria cuando no puedan encontrarse los conocimientos técnicos necesarios en el ámbito local. En entornos en conflicto, los miembros del personal deben tener experiencia en analizar y gestionar las iniciativas que tienen por objeto mitigar y gestionar el conflicto. Si el personal que trabaja habitualmente con la organización no tiene esta experiencia, habrá que recurrir a un especialista en situaciones de conflicto en momentos decisivos del programa, especialmente durante su evaluación y su planificación, así como para la supervisión periódica. Siempre que existan las capacidades que se buscan dentro del país, se deberá contratar a personal nacional. Es posible que las organizaciones humanitarias no puedan cubrir todos los conocimientos necesarios de manera interna, por lo que podría considerarse la posibilidad de llegar a un acuerdo de colaboración estratégica con organizaciones que sí dispongan de estos conocimientos, servicios de consultoría a corto plazo o incluso grupos asesores.

👍 Ejemplo

En el programa RAIN de Uganda, las entrevistas de contratación incluían situaciones hipotéticas de resolución de problemas o viajes al mercado para comprobar sobre el terreno cómo los candidatos analizaban el contexto en tiempo real. El conocimiento contextual y las habilidades analíticas de estos miembros del equipo resultaron de gran valor en varios programas piloto.

③ Capacitación y formación del personal

El personal debería recibir formación básica sobre los métodos empleados por el programa de recuperación económica, así como formación elemental en los sectores objetivo. Deberán ofrecerse al personal cursos de formación práctica, cursos a través de internet, orientación y asistencia a talleres de desarrollo económico de un nivel más alto para reforzar sus capacidades de gestión y desarrollo para programas. En el caso del personal que pase de un proyecto de abastecimiento o asistencia a otro, si sus habilidades son adecuadas, la formación especializada que reciban deberá reforzar la importancia de la sostenibilidad, el desarrollo de una estrategia de salida adecuada y otras buenas prácticas para la recuperación económica.

◯ Norma esencial 4
No causar daños

La planificación, la ejecución, los resultados y las consecuencias medioambientales de las intervenciones para la recuperación económica deben abordar o minimizar los posibles daños y no intensificar la disparidad económica, los conflictos, los riesgos relativos a la protección, ni violar ningún derecho.

Acciones clave

- Llevar a cabo un análisis de riesgos para identificar cualquier modo en que la intervención pudiera incrementar el riesgo de exponer a los participantes a un mayor peligro o perjuicio, teniendo en cuenta cómo se abordarán o mitigarán estos riesgos. Incluir los problemas medioambientales cuando sea posible y apropiado.
- Supervisar de forma continuada las operaciones del proyecto, utilizando, por ejemplo, una matriz de riesgos, de modo que cualquier riesgo nuevo o imprevisto pueda afrontarse con rapidez.
- En cuanto al Compromiso 5 de la CHS («las comunidades y las personas afectadas por las crisis tienen acceso a mecanismos seguros y receptivos para gestionar las quejas»), implicar a las comunidades afectadas en el diseño, la ejecución y la supervisión del proceso para la atención de reclamaciones.
- Establecer sistemas, controles internos adecuados y códigos de conducta que reduzcan los posibles casos de corrupción del personal, así como sistemas transparentes para reducir la posible corrupción de los asociados y del gobierno.
- Asegurarse de que la programación humanitaria no entra en conflicto con las tradiciones o los contextos locales, en particular al suministrar productos o servicios a la población.
- Siempre que sea posible, establecer mecanismos que promuevan la coexistencia pacífica entre los grupos de población en las zonas en que se implementen iniciativas. Dialogar sobre la recuperación económica o el uso de recursos como base para conversaciones de mayor profundidad.

Indicadores clave

- El análisis de riesgos se desglosa por grupos de población y tiene en cuenta las vulnerabilidades específicas relacionadas con el género, la edad, las discapacidades, los desplazamientos y la marginalización social.
- Los programas se plantean desde la perspectiva de evitar perjudicar a las empresas y las cadenas de mercado seleccionadas, a fin de determinar las consecuencias sociales y medioambientales de mayor alcance de las intervenciones e intentar mitigar preventivamente todas las que se identifiquen.
- Se usa con regularidad una matriz de riesgos o un plan de contingencias para recopilar información para la programación de emergencias.
- Las intervenciones no fomentan las divisiones dentro de las comunidades a las que van destinadas, sino que contribuyen a unir a las personas y reducir las tensiones.
- Los participantes en el programa no se enfrentan a situaciones de acoso, condiciones de trabajo abusivas o grandes riesgos para la seguridad a consecuencia de su participación. La seguridad de los participantes debería verse mejorada gracias a su participación.
- Las intervenciones se supervisan periódicamente para asegurarse de que el personal, los socios seleccionados y las empresas a las que se dirigen no llevan a cabo prácticas explotadoras (como la corrupción); se diseñan, implementan y supervisan mecanismos de reclamación sólidos para todas las subpoblaciones, consultando a las comunidades afectadas. Estos mecanismos deberían incluir la programación, explotación y abuso sexual, así como otros abusos de poder.
- Los programas tratan de encontrar soluciones para ayudar a las personas a ser menos vulnerables ante futuras crisis.

Notas de orientación

1 Aplicación de un enfoque que evite causar perjuicios

La recuperación económica y las intervenciones basadas en el mercado pueden afectar a la dinámica de poder social y perjudicar las frágiles relaciones entre los diferentes grupos, entre los que se incluyen hombres y mujeres, poblaciones desplazadas y de acogida u otros grupos con identidad propia. Los análisis de riesgos y las valoraciones de mercado deben tener en cuenta específicamente estas dinámicas para determinar cómo programar actividades que puedan reducir estos riesgos. A la hora de realizar análisis cartográficos de las relaciones de mercado y las dinámicas de poder, deberían incluirse todos los actores (proveedores, productores, procesadores, negociantes, mayoristas y minoristas). Se debe recopilar información acerca de las estructuras sociales en las que funcionan y las funciones que desempeñan tradicionalmente. Los cuestionarios deberían incluir preguntas para poder identificar estas funciones étnicas/tribales, de género o tradicionales. A medida que se disponga de más información, se desvelarán las dinámicas de poder, así como los grupos (hombres, mujeres y niños, grupos étnicos, religiosos, castas o tribales) que desempeñan tradicional o predominantemente determinadas funciones en el sistema de mercado.

En algunos casos, un programa con el que se pretenda ayudar a la población marginada puede poner en riesgo a los actores del mercado, si se altera el orden social sin contar con la comunidad. Ciertas herramientas, como el análisis de redes, pueden mostrar qué sistemas sociales existen, a quiénes se incluyen o excluyen de los mismos y los motivos, a fin de poder planificar intervenciones que posibiliten relaciones más equitativas y transparentes e impulsar las relaciones y vínculos existentes. Estas dinámicas continuarán evolucionando durante toda la intervención, de modo que la evaluación de mercado y el análisis de riesgo y género deberían realizarse de forma escalonada e integrarse en el ciclo de vida del programa. Un mecanismo de reclamaciones y respuesta aporta un nivel adicional en lo referente a las reacciones y opiniones en el que se puede supervisar y llevar un seguimiento de los riesgos relativos a la protección de las comunidades y las personas afectadas fuera del ámbito del ciclo del programa.

Ejemplo

Como parte de una iniciativa nacional, el equipo RAIN llevó a cabo un análisis interno de géneros. Comenzaron realizando un análisis comparativo entre las cifras de contratación desglosadas por géneros y los objetivos, contratando y ascendiendo de forma activa a mujeres. Cuando algunas de las mujeres que acababan de ser contratadas en el equipo no lograban que las escucharan, el asesor en materia de género, el departamento de recursos humanos y el director del programa RAIN se reunieron para encontrar soluciones al problema. El director del programa se centró en atraer a mujeres al equipo y pidió a hombres influyentes del equipo que apoyaran la integración de las mujeres. Un año después, las mujeres conformaban el 48 % del personal del programa, frente al 22 % al inicio del mismo. Sin iniciativas deliberadas para que se oyera y se continúe oyendo la voz de las mujeres, probablemente no se habrían producido cambios en materia género en la estrategia del programa. Posteriormente, el proyecto amplió su labor de inclusión de mujeres a sus socios del sector privado, ayudando a un vendedor mayorista local a aumentar la contratación de mujeres pasando de ninguna a veinte en dos temporadas de cosecha. Estas iniciativas sirvieron al vendedor para aumentar el número de mujeres agricultoras contratadas, a las que dio de alta y formó, aumentando del 26 % al 48 % en el mismo periodo. Este cambio requirió recursos específicos: además de apoyar al asesor en cuestiones de género del departamento del país, el equipo apoyó el financiamiento con subvenciones para iniciativas relativas a cuestiones de género para impulsar los cambios.

② Minimizar las consecuencias negativas en el medio ambiente

El desarrollo de los mercados y el apoyo a la actividad económica posterior a las situaciones de crisis pueden resultar demasiado exigentes para el medio ambiente y contribuir a una futura situación de inseguridad respecto a los alimentos, así como otros riesgos asociados a las situaciones de desastre. Los medios tradicionales de subsistencia y las actividades para la creación de ingresos suelen requerir el uso de recursos naturales, como, por ejemplo, agua para las actividades agrarias, madera para fabricar carbón o juncos para la cestería. Deben analizarse las posibles consecuencias negativas de las distintas etapas del procesamiento de los productos (p. ej., el uso y la eliminación de los productos químicos de forma segura). Además, los responsables de la toma de decisiones y las personas encargadas de la planificación de los programas deben analizar si la gestión de recursos naturales contribuye a la paz o, por el contrario, aviva tensiones y conflictos. Algunos segmentos de la economía podrían ser mucho más sensibles que otros. La selección de las intervenciones debería basarse en los resultados de los análisis de los posibles impactos medioambientales negativos. Además, las intervenciones deberían incluir métodos para eliminar o reducir dichas consecuencias negativas. Algunas herramientas para evaluar estos impactos incluyen el Rapid Environment Impact Assessment (REA, las siglas en inglés de Evaluación Rápida de Impacto Medioambiental) que emplean CARE y ACNUR, entre otras organizaciones.

👍 Ejemplo

La producción de carbón, que es un importante recurso alternativo de subsistencia en las estrategias de muchos lugares, genera deforestación y contaminación. Limitarse a desaconsejar esta actividad por motivos medioambientales no resuelve la necesidad económica real de las familias de ganar el dinero que esto les daría. Deben sopesarse y equilibrarse tanto las ventajas económicas como el daño ambienta y desarrollarse soluciones alternativas cuando sea posible.

👍 Ejemplo

Un programa de mercado en Nepal fomentó la plantación de especies de plantas para el forraje en tierras marginales para mitigar la erosión del suelo en las laderas y mejorar la producción de productos lácteos en la zona. Los forrajes conservaron el terreno y estabilizaron las laderas proclives al desprendimiento (una clara actividad de reducción del riesgo de desastres), a la vez que aumentaron los recursos para el mercado creciente de los productos lácteos.

3 Sensibilidad a los conflictos

Las decisiones deben basarse en un análisis de conflictos preciso y actualizado en el que se analicen de manera exhaustiva las causas raíz del conflicto, los perfiles de los grupos afectados por el mismo y las dinámicas entre las partes interesadas implicadas directa o indirectamente en el conflicto. Como los escenarios de un conflicto cambian con rapidez, la situación y su evolución deben supervisarse periódicamente. Las acciones emprendidas no deben empeorar las tensiones y divisiones, sino que deben crear «conectores» sociales y evitar que se debiliten. La sensibilidad a los conflictos implica saber si las actividades y los procesos de implementación aumentarán o reducirán las tensiones entre grupos. Esto implica escuchar la voz de los más vulnerables y marginados; tomar decisiones y diseñar programas tan participativos, inclusivos y transparentes como sea posible; evitar poner un énfasis excesivo en determinados grupos, ampliando progresivamente la asistencia hasta llegar a toda la comunidad; abordar traumas psicológicos para facilitar la reconciliación y eliminar resentimientos; establecer mecanismos institucionales para asegurar un acceso rápido y justo a las tierras y a otros activos en el menor plazo posible; y tener en cuenta el impacto de las intervenciones a nivel regional y subregional.

Ejemplo

En Birmania, para lograr los objetivos de un proyecto, tuvieron que colaborar partes interesadas de ambos lados del conflicto. A fin de aumentar la colaboración, el equipo del proyecto centró la atención de las diferentes partes interesadas en el deseo común de satisfacer las necesidades sanitarias básicas, atendiendo a la vez a las preocupaciones y motivaciones de los distintos actores y facilitando acuerdos productivos. Actividades como la formación conjunta ayudaron a generar confianza y vínculos personales.

4 Evaluar el potencial de explotación de las personas

Tras una situación crisis, ya sea por causas naturales o humanas, suelen quedar vacíos en la gobernabilidad que establece el orden en una sociedad. Para poder contener las actividades ilícitas es necesario contar con el compromiso de las comunidades locales y establecer asociaciones de carácter colaborativo con programas que no sean de carácter económico, agencias gubernamentales locales y agencias donantes multilaterales (consúltense también las *Normas en materia de empleo*).

Ejemplo

Una agencia identifica una oportunidad de mercado de alfombras tejidas a mano en una región después de una situación de crisis. El proyecto requiere materiales para el tinte natural, hilo, manufactura, comercialización y exportación. Las familias que se dedican a la fabricación de alfombras ven posibilidades de conseguir ingresos en el proyecto y dejan de llevar a los niños a la escuela para que se dediquen a fabricar alfombras. La agencia detecta el problema desde el principio y se asocia con el gobierno local, las escuelas locales y algunos donantes internacionales para crear unos vales de comida para los niños que asistan a la escuela. De este modo, las familias cuentan con un incentivo para mantener a sus hijos en la escuela. Además, los vales de comida reducen el gasto en el hogar, lo que permite a las familias contratar a trabajadores que les ayuden en la fabricación de alfombras.

⑤ Economía política

En cualquier mercado existen intereses, incentivos, relaciones y dinámicas de mucho arraigo. Cualquier intervención en la que no se tengan en cuenta los incentivos existentes que determinan el comportamiento de los actores del mercado corre el riesgo de ser ignorada, en el mejor de los casos, y saboteada activamente, en el peor. Por ello, es esencial que se conozcan bien los intereses, los incentivos, las relaciones y las dinámicas de mercado y se tengan en cuenta durante la fase de diseño de cualquier intervención. Por ejemplo, la introducción en sentido descendente de los instrumentos de dinero móvil en un entorno en el que el gobierno no presta su pleno apoyo o en el que este tipo de instrumentos no son prioritarios para el desarrollo, afrontará serias dificultades. Aunque los incentivos pueden variar con el paso tiempo a través de iniciativas de facilitación de mercado minuciosas y bien enfocadas, las personas encargadas de la ejecución de las iniciativas deben conocer el punto de partida y contar con una estrategia para tratar de cambiar los incentivos y dinámicas que existían anteriormente.

⑥ Reducción del riesgo de desastres

En áreas que sufren situaciones de crisis frecuentes o recurrentes, el desarrollo de estrategias sólidas relativas a los medios de subsistencia resulta importante para reducir los daños que sufrirán ante futuras perturbaciones. Aunque los posibles planteamientos varían significativamente en función del contexto, pueden incluir las siguientes medidas:

- Llevar a cabo una evaluación de mercado de los principales bienes, el capital natural y los servicios de áreas propensas a las crisis, utilizando herramientas como el Pre-Crisis Market Analysis (PCMA, las siglas en inglés de Análisis de mercados previos a las crisis); (véanse también el Anexo y las *Normas en materia de valoración y análisis*)
- Establecer o reforzar redes de seguridad social oficiales y no oficiales
- Implantar iniciativas con inventarios de ecosistemas sensibles (IES) que protejan los ecosistemas
- Realizar proyectos, como los de trabajo a cambio de dinero en efectivo, que sirvan para reconstruir o proteger los activos de las comunidades
- Asegurarse de que los activos y las intervenciones que se proveen pueden soportar futuras crisis (desarrollando sistemas de mercado sólidos)
- Impartir formación acerca de la diversificación de ingresos y el desarrollo de habilidades alternativas a fin de que los hogares puedan depender de otras fuentes de ingresos en caso de que una futura crisis perjudique una de sus fuentes (para aumentar su capacidad para hacer frente a las dificultades).

En mucho casos, la degradación del medio ambiente es una de las causas principales del desastre. Las políticas y los programas que fomentan prácticas inteligentes en el aspecto climático y medioambiental suelen ser menos costosas, más eficaces y más sostenibles socialmente que las que promueven la creación o reparación de infraestructuras. No obstante, cuando se ponen en marcha actividades para la recuperación del riesgo de desastres (RRD) basadas en las infraestructuras, es esencial que se aborde la sostenibilidad medioambiental de modo que no aumenten los riesgos futuros y que las comunidades cercanas no se vean afectadas negativamente. Es fundamental que en las intervenciones para la recuperación económica se tengan en cuenta los métodos que las personas emplearán con mayor probabilidad para hacer frente a una futura crisis, pero estos mecanismos de adaptación no deberían considerarse más importantes que la viabilidad económica a la hora de diseñar los programas.

👍 Ejemplo

Tras el terremoto de 2009 en el noroeste de Paquistán, se estableció un sistema para conceder subvenciones de forma segura a través de tarjetas de débito. Tras las inundaciones de 2010 en Paquistán, las agencias pudieron emplear y ampliar el mismo sistema, lo que les ahorró tiempo y esfuerzo.

👍 Ejemplo

En Timor Oriental, un proyecto utilizó actividades de RRD integrales y un modelo de desarrollo económico para alcanzar un impacto más sostenible en la reducción de riesgos. En comunidades en situación de vulnerabilidad, se plantaron legumbres o bananas en tierras marginales o sin explotar a fin de mejorar la fertilidad del suelo y como cobertura del terreno para protegerlo contra la erosión, a la vez que se mejoraba la seguridad alimentaria de los hogares y estos ganaban dinero gracias a las ventas. Los grupos de agricultores que producían cantidades moderadas de legumbres y bananas prefirieron emplearlas para su consumo en el hogar y vendieron los excedentes a sus vecinos para costearse pequeños gastos. Puesto que la seguridad alimentaria había sido hasta entonces un problema local, los agricultores priorizaron vender sus productos a sus vecinos y al programa de alimentación de la escuela local, en lugar de ganar más dinero vendiendo en mercados más grandes.

Norma esencial 5
Las estrategias de intervención para las poblaciones objetivo están bien definidas

La estrategia de intervención se basa en un análisis sólido del mercado y de los hogares, y promueve el uso de recursos y estructuras locales, siempre que sea posible, para ayudar a que los hogares y las empresas a las que se dirigen logren los resultados económicos deseados.

Los resultados para los grupos objetivo pueden alcanzarse mediante diversas estrategias y asociaciones colaborativas, las cuales conllevan intervenciones directas e indirectas. Las intervenciones indirectas (por ejemplo, el trabajo a través de actores del sector privado) suelen llegar a más hogares y ser más sostenibles, puesto que usan estructuras y redes ya existentes. Habrá ocasiones en las que sea preferible una intervención directa por motivos relacionados con la capacidad, la situación geográfica, la política local, etc. Sin embargo, es preferible emplear estructuras locales e implementar las intervenciones a través de medidas de facilitación siempre que sea posible o, al menos, reforzar la capacidad de los actores locales para implementar las actividades en un futuro.

Acciones clave

- Determinar si se ha realizado una evaluación de la situación socioeconómica. Si no es así, realizar una valoración para conocer mejor las vulnerabilidades y capacidades de la población objetivo y sus distintos subgrupos (como mujeres, niñas, niños, hombres, personas con discapacidades, personas con orientación sexual e identidad de género no binaria y minorías étnicas y religiosas). El paquete de ayuda que se ofrezca debe haberse creado tras informarse bien sobre los hogares y las estrategias de mitigación que se estén aplicando en ese momento por parte de las comunidades que pueden reforzarse (véanse también las *Normas en materia de valoración y análisis*).
- Realizar una evaluación de mercado para descubrir qué puntos del sistema de mercado pueden necesitar más apoyo, qué redes y recursos ya existen y qué acciones pueden tener un mayor impacto en la población objetivo y los resultados buscados (véanse también las *Normas en materia de valoración y análisis*).

- Considerar la posibilidad de aplicar tanto estrategias de intervención directas como indirectas a la hora de determinar el enfoque más eficaz y evaluar los riesgos de las distintas estrategias de intervención. Identificar modos de usar los recursos y estructuras locales, ya sea con una implementación directa o indirecta. En las ocasiones en que puedan emplearse estrategias (de facilitación) indirectas, es probable que aumente la sostenibilidad de la actividad.
- Si se está barajando la posibilidad de emplear estrategias indirectas, remitirse a la población objetivo para identificar quiénes están ya suministrando bienes o servicios (de cualquier tipo). Descubrir si esas entidades pueden adaptarse y convertirse en un socio con el que responder a la crisis.
- Usar un marco lógico, una cadena de resultados u otra herramienta para describir el enfoque con claridad. Es posible que el enfoque cambie de algún modo durante la implementación a medida que se desarrollan las actividades. La descripción de dicho enfoque debe ir actualizándose.
- Asegurar que las comunidades afectadas pueden tomar decisiones fundamentadas en lo que respecta a los bienes y servicios humanitarios.

Indicadores clave

- Las intervenciones emplean evaluaciones socioeconómicas, análisis de vulnerabilidad de las poblaciones objetivo e información de mercado para diseñar paquetes de ayuda para los grupos habitualmente excluidos.
- Los enfoques empleados en las intervenciones son adecuados para lograr los objetivos deseados en el correspondiente contexto.
- La evaluación y el análisis del mercado han identificado los posibles impactos y riesgos asociados a las distintas intervenciones para determinados grupos objetivo. Además, el diseño de programas, la implementación y la supervisión tienen en cuenta estos riesgos e incluyen mecanismos de mitigación.
- Las estrategias de selección incluyen la mitigación de riesgos adecuada y una consideración minuciosa de los factores socioculturales y micropolíticos.
- Todos los programas demuestran y justifican de forma evidente el vínculo entre la intervención propuesta y los beneficios deseados para las poblaciones objetivo.
- Se crean herramientas de supervisión para realizar un seguimiento del impacto en la población seleccionada.

Notas de orientación

1 Protección de la dignidad

Las consecuencias de una crisis pueden afectar de forma distinta a los distintos integrantes de un hogar. Una buena valoración determinará el contexto con el que identificar el medio más adecuado para lograr el impacto deseado en las personas a las que se dirigen las acciones. Dentro de cualquier población objetivo, es probable que exista un variado abanico de capacidades y vulnerabilidades. Las estrategias de intervención deben identificar y desglosar los riesgos por edad, género y discapacidad, y tratar de abordarlos para apoyar todos los aspectos de la dignidad de las personas objetivo.

2 Conocer el contexto en su totalidad

Para saber en qué lugar efectuar una intervención, es necesario algo más que identificar las necesidades de los receptores. Las herramientas de evaluación deberían tener en cuenta los hogares, los contextos económicos en los que operan y las distintas dinámicas de mercado que afectan a las cadenas de valor en las que trabajan. Estas valoraciones sirven para identificar los posibles tipos de impacto de cualquier intervención, así como para señalar de forma clara los posibles riesgos que pueden surgir a consecuencia de una intervención. La actividad económica conlleva consecuencias medioambientales, las cuales deben conocerse y mitigarse, siempre que sea posible (véanse también las *Normas en materia de valoración y análisis*).

👍 Ejemplo

A fin de aumentar la capacidad de resistencia de los agricultores refugiados para que pudieran enfrentarse y adaptarse a los efectos del cambio climático, una agencia planeó incrementar el acceso al agua de riego en una zona semiárida. Esto permitiría la producción de cultivos de gran valor que hasta el momento no estaban disponibles en los mercados vecinos. La agencia realizó un análisis de mercado para evaluar las posibilidades de introducir un sistema de riego eficiente que estuviese disponible en el mercado local y no requiriese altos costos de mantenimiento ni conocimientos expertos para su gestión. Lo consultó con los refugiados e implicó a asociaciones de usuarios de agua para supervisar la gestión. Esta iniciativa facilitó la introducción de nueva tecnología y planteó un modelo de gestión e inversión por parte de donantes en la zona. También despertó un nuevo interés por el procesamiento y el embalaje a lo largo de las cadenas de valor, que hasta ese momento no se había detectado.

③ Estrategias directas e indirectas

En muchos casos, los beneficiarios pueden obtener más ventajas de las intervenciones indirectas a nivel de sistemas de mercado que de las acciones directas en hogares individuales. Las organizaciones deben analizar el contexto, examinar las capacidades y redes locales, y juzgar cada situación en función de los resultados esperados. Las decisiones deberían basarse en el impacto esperado en los grupos o las áreas objetivo y podrían tener en cuenta el potencial de crecimiento y sostenibilidad.

La asistencia directa puede ser la mejor estrategia si las restricciones detectadas se encuentran claramente al nivel de los hogares, en lugar de estar relacionadas con un acceso más amplio al financiamiento o a los problemas del mercado. Las intervenciones indirectas podrían resultar más eficaces si se requiere asistencia a largo plazo y no puede ofrecerse a través de una sola actividad aislada. También es posible que sea necesaria una combinación de enfoques. En muchas circunstancias, prestar ayuda a los grupos o las asociaciones objetivo podría no ser suficiente para conseguir el impacto deseado. Por lo tanto, es más probable lograr los resultados deseados complementando la asistencia directa con intervenciones de apoyo.

👍 Ejemplo

Las mujeres de la industria pesquera en una zona afectada por las inundaciones deseaban restablecer su negocio de secado de pescado para consumo local y regional. Antes del desastre, secaban el pescado en lonas en el suelo, lo cual tenía como consecuencia contaminación y un alto contenido de humedad en el género, de modo que la venta de su pescado seco se limitaba a los mercados de bajo coste. Una empresa de procesamiento de pescado local se interesó en suministrar pescado seco a escala local y contaba con experiencia en técnicas eficaces de bajo costo que podrían aumentar el valor del pescado. No obstante, la empresa no veía a las mujeres como un socio comercial válido. Se prestó asistencia directa a las mujeres mediante iniciativas de planificación empresarial y formación grupal, lo que les permitió entablar conversaciones con la empresa y acceder a su tecnología. Al mismo tiempo, se ayudó a un banco local a desarrollar instrumentos de préstamo para operaciones de pesca a pequeña escala (hombres y mujeres), lo cual les dio acceso a capital de explotación para hacer crecer su negocio.

④ En el análisis de riesgos se tienen en cuenta a las partes interesadas

La cultura y el contexto local desempeñan un papel importante a la hora de definir los modos en que las distintas personas interactúan en el mercado, en función de su género, religión, etnia, edad, estatus social, nivel de discapacidad y muchas otras características definitorias. Las estructuras de poder dentro de las familias y sociedades generan diversas oportunidades y restricciones en el acceso de una persona a un mercado y sus oportunidades dentro del mismo. Es necesario comprender las consecuencias que conllevan estas estructuras y el proyecto debe dar una respuesta acorde a las mismas, teniendo en cuenta los roles asignados a cada miembro y fomentando el acceso y las oportunidades para todos ellos, buscando o reforzando un cambio progresivo que garantice la protección de todos los participantes (véase también la *Norma esencial 4*).

👍 Ejemplo

En muchos países, las mujeres son el grupo social más pobre. Por ello, muchas organizaciones implantan estrategias de intervención destinadas directamente a las mujeres. En algunas culturas, sin embargo, las funciones de las mujeres están claramente definidas y los cambios en estos roles se consideran una amenaza para la sociedad en general. Por ejemplo, los maridos podrían percibir como una amenaza que las mujeres accedan a préstamos para ampliar su negocio, puesto que esto podría cambiar la dinámica de poder en el hogar. En estos casos, las organizaciones podrían decidir trabajar con ancianos del pueblo, maridos o padres (todos aquellos que se arriesgan a perder poder) para obtener su consentimiento y demostrarles las mejoras generales para la sociedad y el hogar. Tomar la determinación de ayudar tanto a clientes femeninos como masculinos podría ser otra manera de abordar este riesgo potencial.

5 **Demostración del impacto**

Todas las intervenciones, ya sean directas o indirectas, deberían describir cómo se verá afectada la población objetivo e indicar sus principales suposiciones. Esto podría resultar de especial importancia con estrategias de intervención indirectas, a fin de garantizar que la asistencia aporte beneficios a los grupos y las personas objetivo (véanse también las *Normas en materia de valoración y análisis*). Las herramientas como las teorías de cambio y las cadenas de resultados podrían servir para describir las suposiciones y los cambios esperados a lo largo de la duración del proyecto. Si estas herramientas para los proyectos son visibles para el personal y se actualizan con regularidad a medida que cambian las suposiciones, es más probable que las intervenciones se mantengan acordes a los objetivos generales del proyecto.

Normas en materia de valoración y análisis

Norma 1
Preparar las evaluaciones con antelación

Norma 2
El alcance de la evaluación lo determina el modo en que se usarán los datos

Norma 3
Los procesos de trabajo de campo son inclusivos, éticos y objetivos

Norma 4
El análisis es útil y relevante

Norma 5
Uso inmediato de los resultados

Norma 6
Seguimiento y evaluación durante todo el ciclo del programa

2 Normas en materia de valoración y análisis

La evaluación y el análisis son esenciales para una buena planificación y ejecución de programas de recuperación económica. Un análisis de las dinámicas de mercado a lo largo de la vida de una intervención resulta necesario para asegurarse de que las actividades logran el resultado esperado y para identificar oportunidades de crecimiento, así como posibles amenazas para su sostenibilidad. Este capítulo destaca la importancia de la supervisión y evaluación continuas del programa, su divulgación, el uso de los resultados y la adaptación de las intervenciones y las estrategias en función de los resultados. Cada conjunto de normas *MERS* supone que se usará y comprenderá este capítulo.

En este capítulo, la palabra «valoración» hace referencia generalmente a una investigación y estudio (utilizando datos primarios y secundarios) realizados antes de (y, en ocasiones, durante) una intervención de recuperación económica. «Evaluación» normalmente hará referencia a revisiones realizadas al final de la intervención con el fin de determinar la eficacia y el impacto del programa. Las personas encargadas de la implementación de los programas deberían tener en cuenta el propósito o fin de cualquier evaluación, así como la necesidad de realizarla durante el proceso de planificación del proyecto y su implementación. La recopilación de datos debería ser participativa, inclusiva, rentable y transparente. La información debe mantenerse actualizada y resultar pertinente, y los datos e informes deben ser de dominio público. También debe tenerse en cuenta la gama de herramientas disponibles (y en evolución) para la valoración del mercado, que encontrará en el Anexo, y que puede orientarle a la hora de seleccionar sus diferentes opciones para la valoración. Considere en particular la *MiSMA*, que también es una Norma orientativa de Esfera.

Norma en materia de valoración y análisis 1
Preparar las evaluaciones con antelación

Se ha determinado cuáles son los elementos clave para llevar a cabo una evaluación. Cuando se produce una emergencia, la preparación de la evaluación puede realizarse rápidamente a partir de las planificaciones previas y los recursos existentes.

Acciones clave

- Identificar los países o zonas de alto riesgo proclives a sufrir crisis. A fin de estar preparados para situaciones humanitarias, informarse acerca de las evaluaciones existentes y utilizarlas en la toma de decisiones.
- Redactar una lista de la información clave que se necesita conocer y los tipos de datos necesarios.
- Identificar las bases de datos de las que ya dispone el sector privado u otros recursos fiables.
- Si, tras comprobar las bases de datos existentes, todavía no encuentra información relevante, es posible que tenga que crear una nueva base de datos, si puede ser que abarque un periodo prolongado (p. ej., datos de serie cronológica).
- Calcular su disponibilidad organizativa identificando las lagunas en sus datos y diseñando mecanismos para recopilar y analizar con regularidad cualquier dato que falte.
- Recopilar información de referencia actualizada y crear un análisis cartográfico de las partes interesadas pertinentes, la vulnerabilidad y las posibles consecuencias.
- Definir los procedimientos, las herramientas y una lista de profesionales que puedan poner en marcha rápidamente una evaluación.
- En países propensos a sufrir crisis, reforzar la capacidad de los equipos de evaluación locales, lo cual implicaría la participación de varias partes interesadas.

Indicadores clave

- Se realizan evaluaciones antes de las intervenciones del programa y se proporciona información periódicamente para la toma de decisiones.
- Las evaluaciones se basan en las fuentes de información existentes y se actualizan según sea necesario. Los datos de evaluación deben desglosarse por edad, género y discapacidad, y analizarse según corresponda.
- La información de referencia pertinente está actualizada y se puede acceder rápidamente a la misma.
- Se han identificado las fuentes de datos secundarias.
- Se han diseñado herramientas de recopilación de datos para obtener la información necesaria y conseguir los datos que faltan.
- Se dispone de un análisis cartográfico sobre los partes interesadas pertinentes, la vulnerabilidad y las posibles consecuencias.
- Los recursos necesarios (capacidad, financiamiento o equipo) están listos para su movilización.
- La capacidad de los equipos de evaluación es suficiente para asegurar un resultado de buena calidad.
- La información recopilada durante las actividades de preparación reduce el tiempo dedicado a preparar la evaluación y realizar el análisis.

Notas de orientación

1 Herramientas vinculadas al mercado y marco de las valoraciones

El Anexo ofrece una gran variedad de recursos. Los equipos deberían tener preparadas herramientas que puedan adaptarse a evaluaciones y valoraciones específicas. Mantener estas herramientas en un lugar centralizado (incluyendo ejemplos de algunas que ya se hayan utilizado), accesibles para toda la organización, puede ayudar a los equipos de campo a seleccionar el tipo de herramienta adecuado y al personal dedicado a la evaluación a habituarse a las herramientas con mayor rapidez.

2 Análisis del contexto

Los datos secundarios son información procedente de los informes y evaluaciones existentes (probablemente recopilada por otras organizaciones). Los datos primarios son datos que el equipo recopilará directamente. Tras revisar la información y los análisis de contexto existentes, determine qué datos primarios podrían servir para reforzar y actualizar el análisis de los datos secundarios existentes. Piense qué podría cambiar en la zona objetivo (por ejemplo, qué tipo de crisis es más probable y cuáles son los riesgos). En contextos de crisis, normalmente resulta más útil centrarse en datos contextuales que cambian rápidamente, por lo que estar preparado para una crisis podría implicar recopilar también datos que cambien lentamente para usarlos como referencia cuando surja la crisis. Centre la recopilación de datos adicionales en la información que sea necesaria para la toma de decisiones.

> **Ejemplo**
>
> El Equipo de Acceso Humanitario (HAT, por sus siglas en inglés) del programa de Siria central y del sur está compuesto por cinco analistas que hacen uso de sus redes de contacto, incluidos los socios del programa, para proporcionar análisis y previsiones de conflictos en la región en la que se realizan las acciones de respuesta humanitaria. Al principio, el equipo analítico se separó del equipo de programa, a fin de dejar espacio para que madurase la capacidad analítica, aunque esto inicialmente redujo la utilidad del análisis. Ahora, los dos equipos colaboran más estrechamente y el HAT ha comenzado a ampliar su campo de acción hacia el análisis de la economía política y otras áreas.

3 Análisis de las partes interesadas

Preparar una lista de las probables partes puede ahorrar tiempo cuando llegue la crisis. Esta lista podría tener que actualizarse después de la crisis, dependiendo de los cambios que se hayan producido. Recuerde que el acceso a los mercados y a los medios de subsistencia puede variar en función de la edad, el género y la discapacidad, así que asegúrese de que se ha consultado a todos estos grupos (véase también la *Norma de valoración y análisis 2*).

4 Formatos de valoración

Deberían ser flexibles y específicos en cuanto a los riesgos y al contexto geográfico. El equipo debería pensar en qué medida resultan necesarios los datos cualitativos (en comparación con los cuantitativos) y qué formatos de evaluación podrían ofrecer el equilibrio correcto. Piense qué tecnología (p. ej., tablets, smartphones) es más apropiada o útil para recopilar datos. Problemas como el presupuesto y la conectividad en las zonas de consulta pueden afectar a la decisión final, pero la tecnología también puede ayudar a ahorrar tiempo y evitar errores si el personal de evaluación cuenta con la formación adecuada. Por lo general, lo mejor es obtener los sistemas y disponer de ellos en el lugar antes de que se produzca la emergencia. Si el personal está familiarizado con su uso, los sistemas que no incluyen papel pueden ser muy eficaces en un contexto de crisis.

5 Formación del personal

Dedique el tiempo necesario a impartir formación al personal para que conozcan los formatos de evaluación y compruebe si se está recogiendo la información que desea con las herramientas utilizadas. Asegúrese de que los encuestadores comprenden las preguntas, así como cualquier aspecto delicado que puedan implicar. Es normal que algunas personas se muestren reservadas al hablar de dinero o de los éxitos o fracasos. Los grupos desfavorecidos en situaciones normales (debido a su género, edad o discapacidad) pueden ser todavía más reservados que los demás (véase también la *Norma en materia de valoración y análisis 3*).

Ejemplo

Durante un ejercicio de formación en análisis y evaluación cartográfica del mercado de emergencia (EMMA, por sus siglas en inglés) en Vietnam, los alumnos encuestaron a personas del mercado local y crearon mapas de mercado para redes antimosquitos. Un resultado inesperado de la formación fue que las empresas locales podían fabricar fácilmente las cantidades necesarias tanto para la preparación como para la respuesta en caso de emergencia. Varios alumnos se comprometieron a cambiar inmediatamente sus prácticas de adquisición: durante la temporada siguiente, dos organizaciones compraron sus redes directamente a productores locales.

6 Logística

Puesto que los sistemas de mercado cubren una amplia área geográfica que a veces se extiende más allá de la zona de desastre, merece la pena pensar en cómo la disponibilidad de transporte afectará al ámbito de evaluación. Preste atención a la formación de los equipos y asegúrese de implicar a mujeres de forma adecuada para poder así incluir también a partes interesadas que no se sientan cómodas tratando con hombres.

7 Financiamiento de la valoración, la supervisión y la evaluación

Cada vez se comprende mejor la necesidad de un mayor presupuesto para las evaluaciones continuas. La financiación puede obtenerse de los gobiernos del país de acogida, los donantes multilaterales y bilaterales y algunas ONG. Los contextos de crisis evolucionan con rapidez, así que, siempre que sea posible, realice valoraciones continuas en las propuestas para conseguir una respuesta del programa más adaptativa. Los gobiernos del país de acogida y los donantes también pueden ser una buena fuente de información; muchos países y comunidades locales disponen de sistemas de alerta temprana que pueden constituir importantes fuentes de información a la hora de prepararse para la evaluación.

Norma en materia de valoración y análisis 2
El alcance de la evaluación lo determina el modo en que se usarán los datos

Las decisiones sobre cómo utilizar los datos se basan en la situación específica y reúnen información crítica de las principales partes interesadas.

Acciones clave

- Definir el ámbito general y el calendario de la evaluación. Defina qué información necesita y las principales preguntas para la valoración teniendo en cuenta que éstas son instrumentos para la toma de decisiones.
- Llevar a cabo un análisis de las partes interesadas al principio del proceso para identificar a las partes interesadas apropiadas y su nivel de implicación en la evaluación. Repetir y actualizar según sea necesario durante todo el proceso de evaluación.
- Emplear marcos conceptuales basados en pruebas (p. ej., sobre medios de subsistencia sostenibles), a fin de aportar información para las evaluaciones, el análisis y la interpretación de datos. Adaptar las preguntas y los métodos al plan de análisis.
- Usar las evaluaciones existentes y otras fuentes de información secundarias antes de comenzar con la recopilación de datos primarios. De no hacerlo así, se malgastarán tiempo y recursos. Revisar la información existente, incluyendo los datos y estudios teóricos previos a la crisis para evitar duplicaciones, y decidir qué lagunas presentan los datos o necesitan actualizarse mediante una recopilación de datos primarios.
- Antes de comenzar la valoración, elaborar un plan de evaluación basado en las lagunas identificadas y el conocimiento necesario para una toma de decisiones y asignación de recursos eficaz. No obstante, habría que permitir cierta flexibilidad para poder comprender mejor el contexto.
- Coordinar a agencias y organizaciones para evaluar sectores específicos, áreas técnicas y comunidades, a fin de hacer el mejor uso posible de recursos y áreas de especialización.

Indicadores clave

- En primer lugar, se desarrolla un ámbito de trabajo, teniendo en cuenta los factores relevantes y, posteriormente se crea un plan de valoración.
- Se recopila y sintetiza la información fundamental de las principales partes interesadas, incluida la información relativa a los medios de subsistencia de los hogares afectados, los sistemas de mercado, las dinámicas sociopolíticas y del conflicto, así como las cuestiones relativas al género, la población joven y el medio ambiente.
- Un análisis de las partes interesadas sirve para identificar quiénes son las principales partes interesadas y su nivel de implicación en la valoración.
- Se usan marcos conceptuales basados en pruebas como guía para la evaluación.
- Se consultan las fuentes de información existentes para evaluar la disponibilidad de la información deseada.
- Las valoraciones emplean un enfoque integral que sitúa las estrategias de recuperación económica dentro de un contexto más amplio de sistemas de mercado, tendencias económicas e instituciones políticas y socioeconómicas.
- Las evaluaciones son sensibles a diferencias entre etnias, castas, géneros y posición social dentro de una población. Miden las diferencias en cuanto a oportunidades económicas entre estos grupos e identifican las causas importantes, ya sean potenciales o existentes, para el conflicto o la marginación.
- Las valoraciones son participativas, se llevan a cabo en los momentos adecuados, incorporan calendarios estacionales, aspectos relacionados con la seguridad, las tendencias relativas al empleo y los mercados, así como otros factores, condiciones y tendencias sociales y económicas pertinentes.
- Las evaluaciones incluyen muchos actores económicos, como mujeres, hombres, jóvenes, personas con discapacidades y ancianas; productoras, comerciantes, transportistas y consumidores; mercados locales, regionales y nacionales; y actividades de apoyo del mercado privado y público.

Notas de orientación

1 Plan de evaluación

El plan de evaluación debería incluir: 1) objetivos de la evaluación, 2) uso previsto de los datos y resultados, 3) marcos conceptuales que se van a utilizar, 4) tiempo y recursos disponibles, 5) qué se va a estudiar y qué datos o información se recopilarán, 6) cómo se recopilarán los datos (métodos) y 7) quién deberá colaborar y dónde se recogerán los datos.

2 Análisis de las partes interesadas

Para llevar a cabo un análisis de las partes interesadas, conviene redactar una lista de grupos que podrían tener algún interés o influencia en la evaluación. Pregunte: 1) qué interés tienen en la evaluación, 2) cómo podrían influir en la evaluación, 3) cuál es su relación con otras partes interesadas y 4) cuál es su capacidad o motivación para participar en actividades que puedan diseñarse a raíz de la evaluación. A continuación, pregunte: 1) a quién debe informarse, 2) a quién debe consultarse y 3) quién debe implicarse activamente en cada paso del proceso de evaluación. El análisis de las partes interesadas debería prever la participación de las comunidades afectadas, las instituciones públicas y privadas, agencias de la ONU y ONG nacionales e internacionales.

3 Marcos conceptuales

Una vez seleccionado el marco conceptual pertinente y basado en pruebas, utilícelo para formular las preguntas de evaluación y asegúrese de haber recopilado suficiente información como para llevar a cabo un análisis. Los marcos conceptuales le ayudarán a identificar datos clave que deben recopilarse y analizarse, a organizar los datos y a comprender el vínculo entre los distintos tipos de datos. (Véanse algunos ejemplos de herramientas y marcos en el Anexo).

👍 Ejemplo

Las herramientas de evaluación cartográfica que permiten al usuario visualizar los elementos del sistema, las relaciones y las cuestiones pendientes ayudan a simplificar una situación real de modo que puedan comprenderse mejor los vínculos entre las distintas partes del sistema. Pueden ayudar a crear una «hoja de ruta» para guiar al usuario desde donde están las cosas en ese momento hasta donde podrían estar. Ver la lista de herramientas en el Anexo.

4 Coordinación en las evaluaciones

En un buen número de casos, muchas agencias pueden usar la misma información. La coordinación con el sector público, los sistemas de la ONU y los grupos interinstitucionales pueden ayudar a las agencias a trabajar juntas en áreas de interés mutuo o a centrar sus tareas de evaluación en sectores o áreas geográficas que otras agencias todavía no hayan cubierto. El uso de herramientas como formularios de encuesta estandarizados o plantillas de informes puede facilitar un análisis conjunto entre agencias o dentro de un grupo. Esto resulta especialmente importante cuando las evaluaciones identifican necesidades ajenas al objetivo de nuestra organización (Véase también la *Norma esencial 2*).

⑤ Alcance del trabajo

El alcance del trabajo de evaluación debería tener en cuenta: 1) el mandato técnico y geográfico de la organización o proyecto que lleva a cabo la evaluación, 2) el conocimiento del alcance técnico y geográfico de evaluaciones en curso o planificadas por otras agencias u organizaciones, 3) la comprensión de las necesidades de información de los encargados de la toma de decisiones y 4) la disponibilidad de recursos. La evaluación debe tener en cuenta a todos los grupos que puedan verse afectados por la crisis. Se debe informar claramente del alcance del proyecto a los miembros de la comunidad para evitar crear falsas expectativas.

⑥ Análisis cartográfico de los hogares, empresas y sistemas de mercado afectados

A la hora de determinar el alcance de la evaluación, debería adoptarse un enfoque dinámico, que tenga en cuenta el funcionamiento de los mercados, hogares y empresas afectados antes de la crisis; qué repercusión tuvo ésta; cómo se están adaptando actualmente; y cuál es su potencial para el futuro. A nivel doméstico, las estrategias de subsistencia dependen de la integración eficaz de activos y conocimientos, relaciones sociales y económicas, y acceso tanto al mercado de consumo como al de producción. Los hogares podrían disponer de varias fuentes de ingresos y varios miembros podrían aportar ingresos al hogar. Es importante comprender el equilibrio y la compensación entre fuentes de ingresos en relación con el conflicto, el entorno y las dinámicas de género.

Del mismo modo, el éxito de las empresas a la hora de superar el periodo de crisis depende de una serie de factores internos, como la capacidad y el capital humano y técnico, y de sus interacciones con sistemas de mercado más grandes, incluidas otras empresas, clientes, servicios financieros y no financieros, productos, bienes, infraestructuras y marcos reguladores. Las evaluaciones deberían reconocer esta complejidad e identificar y analizar las consiguientes dependencias mutuas.

Las estrategias económicas de los hogares y empresas deberían integrarse siempre en los contextos económicos, políticos e institucionales más amplios. El equipo de evaluación debería intentar incluir estos contextos en sus evaluaciones o recurrir a expertos externos con conocimientos sobre los contextos políticos y culturales. Esto resulta especialmente importante en los entornos en conflicto, donde la programación debe tener en cuenta la dinámica del conflicto, incluidas las funciones de los distintos actores y cómo se relacionan con los mercados objetivo.

Otros aspectos que deben tenerse en cuenta en cuanto al alcance son:

- activos, habilidades y capacidad de las instituciones del mercado y estructuras de apoyo
- relaciones sociales y económicas más importantes, así como las dinámicas de poder, incluyendo el género
- gobernanza en las industrias objetivo
- vínculos y accesibilidad a los esquemas y programas gubernamentales
- las políticas relevantes y los marcos reguladores para los sectores y las actividades económicas clave, incluyendo en la categoría de relevantes a servicios financieros, desplazados internos y refugiados, mano de obra, protección del consumidor y derechos de propiedad
- disponibilidad, acceso y estado de la infraestructura principal del mercado y servicios financieros formales e informales
- cuestiones relacionadas con la gestión y conservación de recursos naturales
- las consecuencias de la crisis en los mercados, hogares y empresas, incluyendo cómo funcionaban antes de la crisis y cómo lo hacen ahora después de la misma.

Véase también la *MiSMA*.

⑦ Evaluaciones iniciales y rápidas

Las evaluaciones iniciales y/o evaluaciones rápidas son métodos rápidos de recopilar datos básicos sobre el modo en el que un desastre ha afectado a la dinámica de mercado. Las evaluaciones iniciales y rápidas deberían mostrar las prioridades más inmediatas de la respuesta y destacar las áreas en las que se debe continuar investigando (Véanse en el Anexo algunos ejemplos de herramientas y marcos). Es importante recordar que estas evaluaciones rápidas podrían tener una duración limitada ya que el contexto del mercado puede cambiar rápidamente. A la hora de calcular el calendario de la evaluación han de tenerse en cuenta los factores económicos y medioambientales, y determinarse cuándo podría ser necesario actualizar dicha evaluación en función del tiempo transcurrido o de los puntos de referencia alcanzados durante el periodo de recuperación.

👍 Ejemplo

En Níger, los centros de atención comunitarios alertaron al equipo de respuesta sobre la marcha creciente de personas al lago Chad. El equipo llevó a cabo una evaluación rápida que reveló que había más de 10 000 personas nuevas viviendo en las islas del lago, con enormes necesidades no satisfechas de cuidados sanitarios y agua limpia.

8 Fuentes de información

Las evaluaciones deberían comenzar por revisar las investigaciones y la información existente acerca de los medios de vida y actividades económicas antes del conflicto. Deberían recurrir a las fuentes y agentes locales, como los cabezas de familia, tenderos y comerciantes, así como a fuentes macroeconómicas, políticas e internacionales. Los métodos de información deberían ser lo suficientemente sensibles como para identificar fuentes de información ocultas, como los grupos marginados y actividades económicas irregulares o en el mercado negro. Las evaluaciones deberían triangular los datos a través de múltiples fuentes, incluyendo evaluaciones de otras organizaciones y, cuando sea posible, usando fuentes de datos tanto primarios como secundarios. En situaciones de alto riesgo o en caso de amenazas que pueden surgir con rapidez, los programas podrían no ser capaces de iniciar un proceso totalmente colaborativo o poner en marcha la recopilación de datos primarios.

9 Datos innecesarios

No recopile datos innecesarios. En muchos casos, otras personas están recopilando ya los mismos datos. Recopile datos primarios solo cuando comprenda claramente su uso potencial. La recopilación de datos primarios también puede dar voz a partes interesadas clave afectadas por el problema.

👍 Ejemplo

La unidad de Evaluación de Vulnerabilidad y Mapeo del Programa Mundial de Alimentos (PMA) ha estado recopilando información acerca del precio de mercado de los alimentos esenciales más consumidos para reforzar el análisis de la seguridad alimentaria. Estos datos ya están unificados y disponibles online en el «VAM Food and Commodity Prices Data Store». La base de datos del PMA cuenta con una larga historia de recopilación de datos de precios por parte de las oficinas del PMA en cada país o por las agencias gubernamentales nacionales y organizaciones asociadas. Ofrece una fuente de información y análisis para profesionales especializados en la ayuda, académicos, estudiantes y cualquier persona interesada en la seguridad alimentaria, y específicamente en la dinámica de precios de los alimentos esenciales. A menudo no es necesario recopilar datos acerca de los precios, puesto que esta fuente ya ofrece información valiosa acerca de las tendencias de los precios durante un largo periodo.

Norma en materia de valoración y análisis 3
Los procesos de trabajo de campo son inclusivos, éticos y objetivos

Las valoraciones recogen datos de un gran número de partes interesadas, utilizando métodos éticos, objetivos, transparentes e inclusivos, prestando especial atención a la vulnerabilidad y a los mecanismos de adaptación. Siempre que sea posible, han de priorizarse los métodos participativos.

Acciones clave

- Impartir a los encuestadores la formación adecuada para mejorar la calidad de los datos. Esta formación debería incluir contenidos relativos al calendario o la estacionalidad, seguridad, transparencia y posibles preferencias.
- Recopilar datos de la valoración utilizando métodos objetivos para garantizar la calidad de los datos.
  - Adaptar los métodos dependiendo de si se dispone o no de acceso físico (p. ej., recopilación mediante sistemas móviles).
  - Controlar las herramientas de recopilación de datos y adaptarlas según sea necesario.
  - Comprobar y depurar los datos sobre el terreno.
  - Plantear la posibilidad de utilizar TI para el seguimiento en tiempo real. Esto permite comprobar los datos inmediatamente para ver si existe algún error.
- Recopilar datos de la evaluación empleando métodos inclusivos, participativos y éticos que no pongan en peligro la seguridad y el bienestar mental de los participantes (recuerde que, en ocasiones, los métodos inclusivos y participativos pueden resultar peligrosos, por lo que los equipos deberán aplicar su buen juicio a la hora de decidir la conveniencia de poner en marcha estos métodos).
  - Informar a los participantes acerca del motivo de la valoración y del uso de los datos (consentimiento informado).
  - Mantener el anonimato de los participantes (salvo si se recomienda lo contrario).
  - Asegurarse de que el proceso de recogida de datos no expone a los participantes a posibles daños ni les hace perder el tiempo.

- Establecer sistemas para mejorar la calidad de los datos en el campo.
- Asegurarse de que la composición del equipo de valoración refleja las diferencias de género, edad, discapacidad y cultura de las comunidades que participan en la evaluación.
- Tratar de implicar a todos los actores que pudiesen participar en la actividad económica (p. ej., los vendedores al por mayor, los vendedores al por menor, los compradores y otros integrantes de la cadena de valor).
- Llevar a cabo las entrevistas en un idioma y usando un modo de expresarse con los que el participante esté familiarizado.
- Explicar las expectativas antes de comenzar la entrevista (evitar hacer promesas).
- Respetar las costumbres locales durante el proceso de entrevista.
- Programar las entrevistas, observaciones o visitas a emplazamientos en distintos momentos del día para asegurar que toda la actividad económica o poblaciones potencialmente ocultas se incluyen en la evaluación.
  - Programar entrevistas/observaciones para supervisar eventos semanales o que sean clave en el mercado.
  - Tener en cuenta y tratar de mitigar el posible cansancio que podría causar la evaluación en los hogares que ya han sido evaluados varias veces y se encuentran traumatizados por la crisis (Véanse también los *Principios de protección 4 del Manual de Esfera Protección de la dignidad humana*).

Indicadores clave

- Las fuentes de datos son variadas, precisas y de alta calidad, y el proceso de recopilación de información es colaborativo y participativo siempre que es posible.
- Los métodos utilizados para recopilar datos tienen en cuenta las preferencias de los informantes y grupos de interés, y se tiene en consideración el potencial que podrían presentar para intensificar el conflicto.
- Los datos se cruzan con los de múltiples fuentes y métodos.
- Los métodos utilizados no ponen en riesgo la seguridad de quienes realizan la encuesta ni de los encuestados.

Notas de orientación

❶ Seguridad de los asesores y de los informantes

La ubicación o el momento elegido para realizar una entrevista de evaluación pueden suponer un riesgo para el equipo de evaluación o para los entrevistados. El equipo de evaluación ha de tener en cuenta la seguridad del lugar elegido para las entrevistas y la hora adecuada para llevarlas a cabo. Una entrevista de evaluación en ningún caso debe poner en peligro al entrevistador ni al entrevistado, ni desde un punto de vista físico ni psicológico (p. ej., hacerle revivir sus traumas). Deberá obtenerse el consentimiento informado siempre que sea posible.

❷ Preferencias y grupos de interés

La evaluación debería tener en cuenta los distintos grupos de interés y las posibles preferencias de los informantes. Los investigadores deben evitar las preguntas sesgadas y confirmar la precisión de los datos a partir de múltiples fuentes. Se recomienda el cruce de la información, la triangulación y el uso de múltiples métodos.

👍 Ejemplo

El personal del programa quería entender las prácticas agrícolas para ofrecer los paquetes de recuperación apropiados. Cuando los encuestadores preguntaron «¿Quién toma las decisiones en cada casa acerca de la plantación?», casi todos los encuestados respondieron que las tomaba el marido. Pero en una ocasión, una de las encuestadoras explicó al responsable del equipo que las mujeres avergonzarían a sus maridos si admitiesen que ellas también toman decisiones acerca de la plantación. La pregunta se reformuló para preguntar quién trabajaba en cada cultivo, para reflejar mejor las diferencias entre las preferencias de los hombres y las mujeres en las tareas agrícolas.

❸ Transparencia

Es esencial dejar claras las expectativas: ser claro en cuanto a cómo se usarán los datos y qué se dará o no por la participación en la evaluación.

4 Selección de métodos

Escoja métodos simples, concisos y capaces de generar información específica para cada género y edad y, si fuese posible, información desglosada sobre el nivel económico y los medios de vida. Aplique métodos que, teniendo en cuenta la cultura, fomenten y faciliten la participación de los grupos marginados (incluyendo a las mujeres, personas con discapacidades y ancianos) y de aquellos que carecen de derecho a hablar públicamente (para obtener más información acerca de métodos en general y sobre cómo incluir a grupos marginados, remítase a las herramientas del Anexo, especialmente la herramienta CLARA).

5 Calendario

Tenga en cuenta los periodos de mayor vulnerabilidad, incluyendo variaciones estacionales en la oferta/demanda, precio y el periodo de carestía.

👍 Ejemplo

El punto de referencia de un proyecto se fijó durante un año de muy buena cosecha. El año siguiente hubo sequía y la organización encargada de responder tuvo que utilizar fuentes de datos adicionales para entender qué podía considerarse un año "normal" o promedio para prestar el nivel de asistencia adecuado.

Norma en materia de valoración y análisis 4
El análisis es útil y relevante

El análisis de datos e información se hace a su debido tiempo,
es transparente, inclusivo, participativo, objetivo y relevante para
las decisiones de la programación.

Acciones clave

- Depurar y organizar los datos por completo antes del análisis.
- Coordinar el análisis con los agentes humanitarios locales (públicos y privados).
- Cuestionar sus ideas preconcebidas en cuanto reciba los datos primarios. Triangular según sea necesario.
- Establecer un punto medio entre un análisis en profundidad y la necesidad de compartir los resultados rápidamente para tomar decisiones y ofrecer una respuesta del programa.
- Asegurarse de que el plan para el análisis se refleja adecuadamente en las etapas de preparación, planificación y trabajo de campo (véanse también las *Normas en materia de valoración y análisis 1, 2 y 3*) y en el plan de evaluación.
- Revisar el formato del análisis y la presentación de los resultados para asegurar su comprensión por parte de gran parte de los usuarios (no solo los especialistas).
- Validar los resultados del análisis con un grupo heterogéneo de miembros de la comunidad y otras partes interesadas.

Indicadores clave

- Los resultados analíticos emplean metodologías y herramientas de vanguardia siempre que sea posible (como teledetección, grandes volúmenes de datos, recopilación de datos móviles y crowdsourcing, en lugar de econometría y estadísticas), pero se aseguran de que los análisis complejos arrojan unos resultados claros y simples.
- Los resultados analíticos se obtienen en el plazo establecido y ofrecen información útil y detallada (p. ej., por grupo objetivo, ubicación y tipo de actividad) para el diseño del programa.

- El modelo y el diseño del programa se basan en hallazgos analíticos sólidos.
- Las partes interesadas a todos los niveles participan en la validación del análisis.
- Los datos se tratan como un bien de dominio público y se comparten tanto como sea posible teniendo en cuenta aspectos como la rendición de cuentas, la seguridad y la protección.
- Del análisis se desprende información útil para el seguimiento.

Notas de orientación

1 Velocidad frente a profundidad

Alcanzar un equilibrio entre un análisis en profundidad y la necesidad de compartir los resultados rápidamente es especialmente importante durante la fase de respuesta inmediata y es un factor presente en casi todas las evaluaciones. Una de las claves para equilibrar correctamente es saber quién utilizará la información, qué grado de minuciosidad se requiere para tomar decisiones y cómo se relacionan estas cuestiones con el objetivo general de la evaluación. Si algunos análisis pudieran requerir más tiempo, el equipo también puede considerar la posibilidad de elaborar varios informes, obtener datos simples rápidamente cuando sea posible y, más adelante, publicar los informes de análisis a más largo plazo.

2 Revisar el alcance y tener en cuenta los destinatarios

Al comienzo del análisis, debe tener muy claro el alcance. ¿Cuál es el objetivo principal de todo el ejercicio? Basándose en el plan desarrollado previamente, ¿qué preguntas clave desea responder? Piense también en los usuarios finales del análisis. ¿Qué información necesitan para tomar buenas decisiones para el programa? ¿Les resultarán más útiles las cifras o representaciones cualitativas de los datos? Comprender las preferencias y usos del análisis una vez esté completo permite al equipo centrarse en los elementos más importantes del mismo y no perder tiempo con cálculos que probablemente no se utilizarán.

3 Validación

Cuando el análisis esté casi completo, debe ser validado con diversas partes interesadas a todos los niveles para asegurarse de que sea útil y relevante en todos los contextos. La validación suele realizarse en reuniones o talleres donde se presentan los resultados y quienes conocen la situación indican si los hallazgos parecen razonables o «suenan ciertos». Asegúrese de que se escucha la voz de los grupos vulnerables (p. ej., las mujeres, los ancianos, las personas con discapacidades) durante el proceso de validación.

4 Gestionar los sesgos

Adelántese a cualquier posible sesgo inherente al análisis y a su presentación. Siendo consciente de las posibles fuentes de sesgo y concentrándose en ellas, el personal puede conseguir sacar a la luz las perspectivas más sinceras de los encuestados. En ocasiones, el uso de tecnología puede introducir inesperadamente nuevos sesgos si reduce la transparencia, requiere cierto nivel de educación o se ajusta a roles de género preexistentes. Intente utilizar modos de presentación que pongan la información a disposición de diversas partes interesadas y de varias maneras.

5 Manténgase flexible

Prepárese a recibir sorpresas y manténgase abierto a avanzar en direcciones distintas de las que esperaba. Las evaluaciones no siempre confirman lo que pensamos que sabemos (ni se supone que deban hacerlo).

Norma en materia de valoración y análisis 5
Uso inmediato de los resultados

Los resultados de la evaluación deben gestionarse de forma inmediata para asegurarse de que estos se comparten y se usan en las decisiones de programación, elaboración de políticas, apoyo y comunicación.

Acciones clave

- Asegurarse de que los datos de evaluación y el análisis se recogen rápidamente en informes, resúmenes y presentaciones.
- Llevar a cabo análisis de respuesta para calcular las respuestas apropiadas en función de los hallazgos de la evaluación.
- Usar los resultados de la evaluación para tomar decisiones informadas para contribuir al diseño del programa o modificar programas existentes.
- Transmitir los resultados a destinatarios internos y externos relevantes y ponerlos a disposición de todo el público posible.
- Desarrollar un formato para presentar los hallazgos, conclusiones o resultados que sea lo más oportuno y accesible posible para los destinatarios.
- Traducir los resultados de la evaluación a idiomas relevantes para ampliar el número de destinatarios potenciales, la disponibilidad y la comprensión. Compartir los resultados de la evaluación con las poblaciones consultadas.
- Usar los resultados de la evaluación como herramientas de apoyo, siempre que resulte apropiado, para influir en las decisiones acerca de políticas.

Indicadores clave

- Todos los proyectos de recuperación económica se basan en la información de una evaluación.
- Los datos de evaluación y el análisis sirven de base para el modelo y el diseño del programa.
- Los resultados de la evaluación se distribuyen para servir de guía a los encargados de la toma de decisiones (Véase también *Norma esencial 2 del Manual de Esfera: Coordinación y colaboración*).

- Los resultados de la evaluación se publican y se ponen a disposición de las partes interesadas relevantes lo antes posible para maximizar su influencia en los procesos de toma de decisiones, teniendo en cuenta los posibles puntos sensibles que pudieran existir.
- Los resultados de la evaluación se comunican en un idioma y un formato claro y apropiado para los respectivos destinatarios.

Notas de orientación

1 Análisis de la respuesta

El análisis de la respuesta consiste en elaborar una lista de posibles opciones de respuesta –que incluya opciones basadas en el dinero en efectivo, el suministro en especie, u opciones de apoyo del mercado–; analizar la posibilidad de llevarlas a cabo, las lagunas y las prioridades; explorar los riesgos y las oportunidades del mercado; y, finalmente, priorizar las respuestas más relevantes. El análisis debería ser todo lo participativo posible y permitir el consenso y la comunicación con las partes interesadas. Al establecer prioridades en las respuestas, algunos criterios que deben tenerse en cuenta son la relación calidad-precio y la efectividad, el impacto en el mercado, la capacidad institucional, las preferencias individuales y la aceptabilidad política.

2 Divulgación

Divulgar los resultados de las evaluaciones fomenta la cooperación y colaboración en la programación de la recuperación económica. Hacer partícipes a los encargados de la toma de decisiones y trabajar con socios y autoridades locales durante todo el proceso de evaluación genera que todos presten atención a los resultados de la evaluación tan pronto como se conozcan y fomenta la confianza y la cooperación. Cuando una evaluación plantea la necesidad de realizar una acción, la presentación conjunta a los principales encargados de la toma de decisiones (donantes, ONG, gobierno) puede crear un impulso y un sentido de responsabilidad y propiedad conjunta (véase también la *Norma esencial 2*). Los resultados de las evaluaciones y las decisiones tomadas deberían comunicarse claramente a las poblaciones y actores del mercado afectados.

> 👍 Ejemplo
>
> El equipo de liderazgo del Comité de Rescate internacional (IRC, por sus siglas en inglés) de Níger ha mantenido canales de comunicación regulares, formales e informales, con las agencias de la ONU, los donantes y las autoridades locales. El envío regular de noticias sobre la situación mantiene a los donantes informados acerca de la evolución de esta, lo cual, a su vez, facilita que el IRC pueda renegociar los proyectos y contratos, así como garantizar fondos para nuevos proyectos que satisfagan las necesidades emergentes. En algunos casos, la información proporcionada por el IRC ha generado una respuesta por parte de otra ONG internacional. No obstante, se han presentado ciertos obstáculos en el compromiso de poner en marcha actividades consecuencia de los resultados de una evaluación multisectorial de un IRC por parte de la OCHA. Durante algún tiempo no se dispuso de un sistema de coordinación oficial, lo cual dificultó la rendición de cuentas de los diferentes actores.

③ Formatos apropiados

Los resultados de las evaluaciones deberían satisfacer las necesidades específicas y los niveles de comprensión de los distintos destinatarios. En tiempos de crisis, los encargados de la toma de decisiones suelen tener agendas muy apretadas y muy poco tiempo. El tipo y la extensión de la información transmitida y el nivel de detalles técnicos deberían adaptarse a las necesidades del usuario. Por ejemplo, mientras que los directores senior de un programa pueden requerir un resumen de una o dos páginas, los socios colaboradores pueden desear una presentación y para los especialistas de supervisión y evaluación sería adecuado un informe técnico más extenso. Convendría celebrar una reunión con miembros de la comunidad o con una asociación de productores para compartir los resultados de la evaluación con los informantes y las personas afectadas. Las evaluaciones y resultados especialmente extensos o detallados pueden distribuirse en varios formatos. Los mapas y esquemas pueden resultar muy eficaces a la hora de representar información como la distribución de los activos físicos, recursos naturales, ubicación y movimientos de las personas, y otros tipos de fenómenos (p. ej., el impacto un desastre en un territorio).

Norma en materia de valoración y análisis 6
Seguimiento y evaluación durante todo el ciclo del programa

El rendimiento y el impacto del programa se evalúan a lo largo de todo el ciclo del programa, de forma continua y reiterativa.

Acciones clave

- Durante el diseño del programa, desarrollar una teoría para el cambio, un marco lógico o cadena de resultados esperados de una intervención determinada y articular de forma precisa y clara los supuestos y riesgos a lo largo del programa.
- Definir los indicadores apropiados, a todos los niveles del marco lógico, para medir cada resultado esperado durante toda la duración de la intervención.
- Determinar los métodos adecuados para la recogida de datos y la frecuencia de cada indicador basándose en la factibilidad, el periodo para los resultados esperados y el modo en el que se utilizarán los datos.
- Diseñar una estrategia para analizar los datos de supervisión, divulgar los resultados y utilizar datos para revisar y mejorar programas, incluyendo feedback para y de todas las partes interesadas.
- Supervisar los programas a través de una recopilación y análisis de datos continuos de los indicadores clave.
- Supervisar cambios significativos en el mercado que se produzcan durante la ejecución del programa.
- Efectuar un seguimiento preciso de los costes asociados al programa.
- Celebrar con regularidad reuniones estratégicas de seguimiento para revisar los datos de supervisión, asegurándose de que la programación está respondiendo sobre el terreno a las necesidades identificadas en las evaluaciones.
- Tomar decisiones estratégicas acerca del momento y la necesidad o utilidad de realizar una valoración de impacto externo.
- Valorar la relevancia de las evaluaciones y análisis iniciales y si a partir de estos se tomaron decisiones bien informadas para el programa.
- A medida que cambian las condiciones del mercado, revisar y actualizar las evaluaciones y análisis originales con datos o información adicionales acerca de las condiciones económicas o de medios de vida y permitir cambios en el programa.

Indicadores clave

- Se articula una teoría del cambio, un marco lógico y/o cadena de resultados durante el diseño del programa.
- Se recogen datos del seguimiento y se analizan con frecuencia.
- Los programas usan datos del seguimiento y la valoración para probar los principales procesos y supuestos, comprobar las repercusiones esperadas y efectuar revisiones, según sea necesario.
- La evaluación y el análisis son continuos y están incluidos en las operaciones del programa para permitir el seguimiento a medida que evolucionan el entorno y los mercados.
- Los datos del seguimiento continúan analizándose en una valoración para decidir si un programa ha alcanzado los resultados esperados (eficacia e impacto) y si las evaluaciones iniciales fueron apropiadas y útiles para el diseño y la ejecución del programa.

Notas de orientación

1 **Marcos lógicos o cadenas de resultados**

El seguimiento y valoración del programa deben efectuar una monitorización de las actividades y resultados del proyecto, y comprobar continuamente los supuestos en los que se basan las actividades del programa y los impactos previstos, estableciendo en todo momento una relación clara y documentada entre las actividades del programa y el impacto deseado. Esto se consigue articulando una teoría del cambio clara, un marco lógico y/o una cadena de resultados durante la fase de diseño del programa. Los indicadores deben estar directamente relacionados con los cambios o la secuencia de resultados esperada, a todos los niveles, para asegurar la recopilación y análisis de los datos convenientes (Véanse en el Anexo las Normas del Comité de Donantes para el Desarrollo Empresarial para la medición de los resultados). Manténgase abierto a resultados inesperados que no se encuentren en el marco lógico.

2 Seguimiento regular

El seguimiento continuo, la valoración, la rendición de cuentas y el aprendizaje permiten que los programas se adapten a los contextos de los mercados en situaciones de emergencia, que suelen ser volubles y cambiar con rapidez. Los cambios en los objetivos, el diseño, la ubicación o la intervención del programa pueden mejorar la calidad del mismo. Además, en ocasiones, se ejecutan por fases (por ejemplo, los objetivos pueden ser distintos en la respuesta inmediata que durante la recuperación), todo ello en un marco de comunicación regular con el donante que contribuya a la calidad y la transparencia del programa. En lugar de basarse en valoraciones anuales o bianuales, los programas deberían recopilar y analizar frecuentemente datos para su seguimiento y ofrecer así información actualizada para la toma de decisiones y las mejoras en el programa. El mejor modo de lograrlo es a través de un seguimiento habitual y sistemático que supervise los hallazgos del programa, resultados y factores críticos en el entorno externo. También debe tener en cuenta los resultados satisfactorios y los impactos esperados. Así, el programa puede adaptarse a condiciones cambiantes, de modo que, si fuese necesario, tanto los programas como los indicadores relevantes pueden ajustarse según proceda. Mediante la metodología de Lean data, puede recopilarse una pequeña cantidad de información con relativa frecuencia, sirviéndose de tecnologías útiles para tal fin.

Ejemplo

Durante la crisis del ébola en África occidental, una plataforma tecnológica recopiló datos nacionales y publicó online los datos del seguimiento para que estuvieran a disposición de sus socios. Aquellos que accedieron a esta información o se sirvieron de los análisis para sus talleres afirmaron que les resultó muy útil. Por ejemplo, a la vista de los datos sobre la cobertura geográfica y los métodos de movilización, algunos socios redirigieron las actividades de sus activistas.

3 Actualizaciones de evaluación continuas

Los entornos en situación de conflicto o de crisis son dinámicos. La recopilación y el análisis de datos han de ser continuos para que puedan ser rápidamente de ayuda en un entorno en rápido cambio. La revisión de las evaluaciones puede contribuir a identificar consecuencias no deseadas de la programación y ayudar a las organizaciones a modificar sus actividades para mitigar los impactos negativos en los hogares o maximizar cualquier ventaja positiva inesperada de una actividad (véase también la *Norma MiSMA 5*).

Normas en materia de desarrollo empresarial y sistemas de mercado

Norma 1
Enviar a personal especializado en sistemas de mercado inmediatamente después de una crisis

Norma 2
Realizar análisis del sistema de mercado inmediatamente después de la crisis y adaptarlos con frecuencia

Norma 3
Ser flexibles y conscientes del riesgo

Norma 4
Trabajar con los agentes del mercado existentes y aplicar enfoques de facilitación

Norma 5
Apoyar la viabilidad y el crecimiento de empresas y sistemas de mercado

3 Normas en materia de desarrollo empresarial y sistemas de mercado

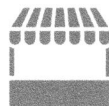

El desarrollo de las empresas y los sistemas de mercado conlleva apoyar las actividades económicas y de medios de vida de las personas y negocios. Esto incluye todos los ámbitos, desde los autónomos a grandes operaciones comerciales, ya sean formales o informales.

Las actividades de los medios de vida son las estrategias económicas de las personas para mantener, usar y transferir activos y así obtener ingresos. Las empresas, incluidos los emprendedores y los agricultores, son el punto de partida para comprender el sistema de mercado. Tanto las intervenciones sobre los medios de vida como en los sistemas del mercado pueden ayudar a los hogares o empresas de forma directa, o aplicar enfoques indirectos para ayudar a todo el sistema de mercado o cadena de valor a recuperarse o a funcionar con mayor eficacia. Estas Normas fomentan la ayuda en actividades directamente relacionadas con los medios de vida, así como con los sistemas de mercado antes, durante y/o después de una crisis para contribuir a que las personas puedan acceder a bienes y servicios esenciales, de modo que ayuden a los hogares objetivo a estabilizar o aumentar sus ingresos (véase también la *Norma esencial 1*). Suele ser necesaria la coordinación entre varias partes interesadas (gobierno, sector privado, sociedad civil) y la coordinación transversal entre sectores (véase también la *Norma esencial 2*).

Estas normas están destinadas a servir de orientación a programas que busquen estabilizar o aumentar los ingresos de las poblaciones objetivo y el uso de estas normas reducirá las alternaciones en el mercado. Muchas empresas definirán este concepto en términos de un aumento de las ventas, crecimiento y competitividad; no obstante, el resultado final seguirá siendo unos beneficios mayores o más estables.

Estos son algunos ejemplos de desarrollo empresarial y de sistemas de mercado:

- Apoyar a los individuos a través de ayuda técnica o activos para que puedan iniciar o retomar sus negocios tras una crisis en un mercado viable (p. ej., los desplazados que retoman su negocio tras un conflicto).
- Facilitar los flujos de información comercial en el sistema de mercado, poniendo la información a disposición de un amplio abanico de empresas (p. ej., las preferencias acerca de la calidad del producto, los rangos de precios, las cantidades específicas o tipos de bienes demandados).
- Establecer o reforzar las relaciones entre actores a diferentes niveles en el mercado (p. ej., entre los productores y los compradores, los transportistas y los vendedores al por mayor, etc.).
- Reforzar la relación entre los actores que están al mismo nivel en el sistema de mercado para mejorar la eficiencia o la calidad (p. ej., celebrar un congreso de vendedores al por mayor o de importadores en un mercado específico).
- Instar a otros a facilitar o, si corresponde, prestar directamente los servicios que necesiten las empresas (p. ej., la financiación especializada, servicios veterinarios para pastores, etc.).

Norma en materia de desarrollo empresarial y de sistemas de mercado 1
Enviar a personal especializado en sistemas de mercado inmediatamente después de una crisis

El personal técnico especializado en sistemas de mercado se incorpora junto con los primeros intervinientes para asegurar que el diseño de las actividades de socorro limite el impacto negativo en mercados y medios de vida.

Independientemente del enfoque aplicado (asistencia coordinada con el mercado, asistencia sensible al mercado, etc.), la planificación y el diseño de las intervenciones deben asegurar que se aprovechan al máximo los actores del mercado y las redes existentes, que se limitan los impactos negativos a largo plazo y que el diseño es lo suficientemente flexible para poder adaptarse a cualquier cambio de la situación.

Acciones clave

- El personal técnico especializado en sistemas de mercado participa en el desarrollo de evaluaciones para otros sectores, para asegurarse de que se recopilan datos acerca de las condiciones de los sistemas de mercado, cómo las respuestas pueden afectar a los actores del sector privado y problemas de recuperación a más largo plazo.
- Reconocer que todas actividades de socorro afectan a los mercados e identificar las iniciativas con las que colaborar, implicando a los actores del mercado en aquellas tareas acordes a sus competencias.
- Buscar oportunidades para apoyar y trabajar con los proveedores y empresas del sector privado local en las operaciones de socorro, teniendo en cuenta la equidad y la dinámica de poder.
- Colaborar y trabajar codo con codo con los actores del sector privado, tanto formales como informales, en la evaluación y ejecución del programa. Estos actores incluyen desde cámaras de comercio hasta redes cooperativas, asociaciones de comerciantes y grupos o federaciones de pequeños agricultores.
- A nivel de grupo, asegurar la coordinación con otras organizaciones y entidades gubernamentales, y reconocer que las propuestas conjuntas deberían incluir o fomentar una suficiente flexibilidad como para tener en cuenta la dinámica de mercado existente (véase también la *Norma esencial 2*).

- El personal de mercado trabaja con el personal de suministros para evitar establecer un sistema paralelo para la provisión y prestación de bienes y servicios.

Indicadores clave

- Se ubica o localiza en cada país a personal con experiencia en el mercado.
- El equipo busca oportunidades para integrar los enfoques de mercado en las actividades.
- Siempre que sea posible, los suministros proceden de los actores de mercado locales existentes; si no es posible, se identifican las condiciones y el calendario en los que sería posible.
- Se diseñan soluciones a corto plazo que contribuyan a alcanzar objetivos a más largo plazo.

Notas de orientación

1 Impacto a largo plazo

La mayoría de las actividades desarrolladas tras una crisis se centran en cubrir las necesidades inmediatas. Sin embargo, las situaciones de emergencia también afectan a las funciones del mercado y las redes comerciales. Los daños pueden ser aún mayores si las intervenciones humanitarias no tienen en cuenta el potencial del sector privado local para participar en la recuperación, así como sus necesidades de recuperación. Es muy probable que las actividades a corto plazo que no tengan en cuenta todo el sistema de mercado minen aspectos necesarios para la recuperación futura y destruyan medios de vida. La planificación y el diseño del proyecto deben tener en cuenta el impacto de las actividades a largo plazo.

2 Trabajar con suministros

La elección de los proveedores es un elemento clave. Explore el potencial de suministro estratégico de bienes y servicios que reconstruya los mercados y medios de vida locales (es decir, si el suministro en especie supone una respuesta apropiada, plantee la posibilidad de comprar a los actores locales del sector privado, a pesar de que su costo sea mayor, cuando sea factible. Los donantes, incluidos USAID y el Departamento de Desarrollo Internacional del Reino Unido, suelen fomentar explícitamente esta práctica). Asegúrese de que los suministros no empeoran los desequilibrios de poder existentes.

Norma en materia de desarrollo empresarial y sistemas de mercado 2
Realizar análisis del sistema de mercado inmediatamente después de la crisis y adaptarlos con frecuencia

Los análisis de mercado se llevan a cabo junto con otras evaluaciones de necesidades inmediatamente tras una emergencia. Se calcula y se tiene en cuenta el tiempo necesario para evaluar y actualizar estos análisis en un contexto en constante cambio.

Acciones clave

- Cuando se trabaje en áreas proclives a sufrir crisis futuras, asegurarse de que la planificación previa incluye una evaluación de las vulnerabilidades de los sistemas de mercado críticos (véase también la *Norma en materia de valoración y análisis 1*).
- Diseñar actividades de respuesta para un caso de emergencia desde el principio, siendo conscientes de los riesgos, vulnerabilidades y oportunidades para los medios de vida y los mercados donde se desarrollan (véase también *MiSMA*).
- Al planificar las intervenciones, tener en cuenta las necesidades de grupos específicos (mujeres, jóvenes, personas con discapacidades, ancianos y grupos étnicos desfavorecidos) además de los impactos económicos. Ser conscientes de que es probable que los más marginados sean aquellos cuya voz apenas se refleje en los análisis.
- Tener en cuenta las relaciones existentes y el conocimiento de los actores del sistema de mercado local, así como los actores de programas de desarrollo ya existentes que trabajan en los sistemas de mercado objetivo.
- Actualizar las evaluaciones con frecuencia, reconociendo la naturaleza cambiante de los contextos humanitarios, y asegurarse de que las evaluaciones continuas aportan información nueva o mejor respecto a las evaluaciones previas y reflejan la dinámica del sistema de mercado cambiante.
- Incluir datos de los mercados formales e informales al recopilar información sobre las carencias en la oferta/demanda.

- Consultar con las comunidades afectadas y con los actores del mercado para encontrar el mejor modo de compartir los hallazgos del análisis, siendo conscientes de cómo pueden verse afectadas las poblaciones específicas (p. ej., las mujeres, los agricultores, los grupos vulnerables, personas con discapacidades) y determinados actores (p. ej., los comerciantes, los minoristas).
- Fomentar el uso de las evaluaciones del sistema de mercado al diseñar, ejecutar y evaluar la programación de asistencia y recuperación económica en otros sectores; el personal especializado en el mercado debería compartirlas tanto como sea posible y prestar ayuda a sus compañeros, cuando sea necesario (véase también la *Norma en materia de valoración y análisis 5*).

Indicadores clave

- Se utilizan evaluaciones de vulnerabilidad del mercado para diseñar actividades que refuercen la capacidad de resistencia del sistema de mercado y se emplean como base de referencia del sistema de mercado para ayudar a orientar futuras acciones de socorro, especialmente en áreas propensas a la crisis.
- El ámbito de las evaluaciones de mercado incluye a las áreas no afectadas (a donde quiera que se extienda la cadena de suministro), incluso cuando se encuentren fuera de las zonas más afectadas por la crisis.
- Los análisis de sistemas de mercado incluyen información acerca de servicios de asistencia, iniciativas gubernamentales, grupos del sector privado, el entorno político formal y las normas sociales y culturales informales que influyen en el sistema de mercado.
- Las evaluaciones y análisis se actualizan con regularidad para respaldar los cambios necesarios en las actividades del programa o comprobar que no se requiere ninguna modificación y que las actividades funcionan.
- La información recibida de los grupos objetivo específicos (mujeres, jóvenes, agricultores, personas con discapacidades) se comprende y se utiliza en las actividades de respuesta.
- Los análisis financieros y de mercado se efectúan de un modo que incluye a las comunidades y empresas a las que afectan y permiten a los implicados sopesar los riesgos potenciales, beneficios y estrategias de mitigación.
- Las intervenciones incluyen las evaluaciones financieras y de mercado básicas de las empresas, y muestran que las empresas seleccionadas para las actividades serán rentables y viables, tanto en lo referente a sus ingresos como en lo relativo al riesgo.
- Las intervenciones incluyen estrategias de mitigación de riesgos para ayudar a las empresas a prepararse para repercusiones que pudieran afectar negativamente a su negocio.

- Los hogares vulnerables son capaces de tomar decisiones informadas acerca de la especialización o diversificación de sus actividades de negocio.
- Se presta asistencia a los hogares a través de los actores del mercado local, impulsando negocios existentes antes de la crisis con socios del sector privado, siempre que sea posible y apropiado.

Notas de orientación

1 Preparación y planificación previas a la crisis

Las organizaciones que trabajen en áreas propensas a las crisis o áreas afectadas por crisis prolongadas deberían incluir evaluaciones de vulnerabilidad en sus análisis de sistemas de mercado. Evaluar las vulnerabilidades y el alcance de posibles impactos económicos antes de una crisis puede mejorar la preparación y aportar información para futuros trabajos de planificación de contingencias, lo cual acortaría los plazos de puesta en marcha de futuras respuestas de emergencia, ayudaría a reducir vulnerabilidades y aumentaría la capacidad de adaptación dentro del sistema de mercado. Mejorar la determinación de objetivos y reforzar el sistema de mercado antes de una emergencia puede reducir el impacto negativo de los desastres en las vidas y medios de vida.

> **⚠ Historia con moraleja**
>
> En Odisha, India, dos ciclones arrasaron el cultivo de maíz en 2013 y 2015. Los compradores al por mayor de maíz dejaron de ofrecer crédito por adelantado a causa de las pérdidas que habían sufrido por la incapacidad de los agricultores para efectuar los pagos. Cuando cesaron el crédito para semillas y otras contribuciones, los agricultores dejaron de cultivar maíz, lo cual podría incrementar la inseguridad alimentaria en la zona.

2 Análisis de sistemas de mercado

A menudo, los sistemas de mercado están dispersos geográficamente dentro de un país (o más allá de sus fronteras). Es importante comprender el modo en el que las zonas no afectadas por la crisis también forman parte de un mercado fundamental para poder así aprovecharlas también para una respuesta. Esto también ayudará a que estos sistemas de mercado no se vean distorsionados por las actividades de respuesta. Los actores de un sistema de mercado más amplio pueden contribuir a la respuesta o verse afectados negativamente por una respuesta de emergencia si no están incluidos en el análisis de mercado.

> **⚠ Historia con moraleja**
>
> Después de un terremoto, las agencias humanitarias distribuyeron productos agrícolas gratuitos en las zonas afectadas. Esta distribución debilitó el sistema de mercado de suministro de productos, afectando negativamente a las empresas de los agricultores y comerciantes situadas fuera de las zonas afectadas, puesto que sus clientes recibían productos gratuitos y ya no necesitaban comprarlos. A pesar de que el análisis de mercado realizado en la zona del terremoto identificó la necesidad de productos para restablecer los medios de vida de los afectados, el análisis había dejado fuera a los proveedores de la cadena de mercado y, por ello, no se había tenido en cuenta el impacto de estos productos gratuitos en el sistema de mercado más amplio.

③ Requisitos mínimos para las evaluaciones

Al principio de la respuesta, las evaluaciones pueden ser rápidas e incompletas, lo cual es aceptable, porque un análisis «suficiente» es mejor que la «parálisis de los análisis». No obstante, cada una de las evaluaciones siguientes deberá sumarse y profundizar en la comprensión de los mercados y los medios de vida. Puede que se llegue mejor a los hogares objetivo trabajando a través de los actores de mercado existentes (p. ej., los comerciantes y proveedores). Las actividades de transferencia de activos (p. ej., el dinero en efectivo y los vales). Deberían funcionar y apoyar los sistemas de mercado locales siempre que sea posible (véase también la *Norma en materia de valoración y análisis* y *MiSMA*).

④ Efecto «boom de la asistencia»

Las previsiones de beneficios potenciales deberían tener en cuenta la posibilidad de que una empresa pueda ser vulnerable a un «boom de asistencia»: cuando las empresas y las industrias (como restaurantes o empresas de construcción y transporte) solo son viables cuando los fondos y los trabajadores de rescate forman parte de la economía. Se deberá proceder con precaución al ayudar a estos tipos de empresas, así como prestar ayuda a empresas para que piensen de cara al futuro tras el boom. Buscar estrategias alternativas basadas en distintos resultados posibles podría resultar útil, especialmente en entornos cambiantes.

⑤ Implicar a las partes interesadas en los análisis

Los análisis deberían incluir los puntos de vista y opiniones de las empresas, comunidades e individuos objetivo de la asistencia, y compartirse con los grupos de coordinación. Incluir a múltiples partes interesadas en el análisis les ayudará a comprender los riesgos potenciales y los beneficios a corto y largo plazo, y les facilitará la toma de decisiones informadas. Ayudará a asegurar que la información y los supuestos utilizados en el análisis son fiables. Los programas deben comprender los recursos disponibles para las partes interesadas, el rendimiento de las empresas hasta ese momento y el nivel de riesgo con el que las empresas y hogares se sienten cómodos. Cuando todas las partes interesadas comprenden el análisis, están en mejor posición para tomar decisiones informadas respecto a un enfoque específico. Esto reduce el riesgo de impulsar actividades de apoyo que puedan empobrecer más aún a los hogares (véanse también la *Norma esencial 2* y la *Norma esencial 5*).

👍 Ejemplo

La evaluación de mercado EMMA en Puerto Príncipe, después del terremoto de Haití en 2010, analizó el sistema de mercado de materiales para tejados. Por un lado, de las conversaciones con las partes interesadas (pequeños proveedores de materiales de construcción, grandes importadores de materiales de construcción, el gobierno y las agencias humanitarias), los analistas pudieron obtener una imagen completa de las necesidades y futura demanda de materiales para tejados. Por otro lado, cuando se reunieron con analistas y revisaron un mapa del mercado, los trabajadores del sector de los materiales para tejados les ofrecieron más información ya que comprendían mejor cómo el papel de otros actores del sistema de mercado podría influir en su competitividad. Esto les ayudó a tomar decisiones más fundamentadas acerca de sus empresas.

⑥ Normas culturales y sociales informales

Las normas sociales y culturales desempeñan un importante papel a la hora de definir los incentivos, relaciones y comportamiento de actores de los sistemas de mercado. Comprender la influencia de las normas sociales y culturales en temas de género, casta y tribales, cómo afectan a las relaciones dentro de estos grupos y entre ellos, es particularmente importante en situaciones de conflicto y posteriores en las que los problemas relacionados con la identidad de los individuos son a veces los causantes de conflictos que traen consigo una perturbación y debilitación de las redes sociales y la confianza.

👍 Ejemplo

En Afganistán, muchos agricultores eran reticentes a poner en marcha programas de desarrollo que intentaran suprimir a los intermediarios de la cadena de mercado o cambiar la ubicación de las ventas de productos. Las relaciones de compra y venta entre agricultores y agentes de venta se habían reforzado durante generaciones, y cambiarlas supondría infringir una norma social, así como socavar la confianza dentro de las comunidades.

Norma en materia de desarrollo empresarial y sistemas de mercado 3
Ser flexibles y conscientes del riesgo

Se utilizan técnicas de gestión adaptativas y flexibles a todos los niveles para asegurarse de que los programas responden a las condiciones cambiantes del mercado.

Acciones clave

- Incluir actividades de preparación en programas anteriores a la crisis implementados en zonas con crisis recurrentes o continuas y dotarlos de la flexibilidad suficiente como para responder a crisis inesperadas a través de mecanismos como «modificadores por crisis».
- Diseñar programas con la máxima flexibilidad de modo que las actividades puedan adaptarse a las necesidades cambiantes de hogares y mercados a medida que el contexto evoluciona. Esto incluye el diseño inicial, presupuestos, sistemas de gestión y el seguimiento y la evaluación.
- Asegurarse de que los equipos de cumplimiento, financiamiento, suministro, contratos y otros equipos de operaciones son conscientes de la flexibilidad que admite la subvención y de que ayudan al personal del programa a encontrar las soluciones adecuadas para los cambios necesarios en el programa.
- Establecer sistemas de seguimiento capaces de recopilar datos en dinámicas de mercado cambiantes, especialmente la disponibilidad y los precios de bienes y servicios clave.
- Revisar los datos de seguimiento con regularidad y utilizarlos para efectuar cambios en el programa en respuesta a las dinámicas de mercado cambiantes.
- Contratar personal con una mentalidad colaborativa y flexible, y establecer sistemas que permitan una gestión adaptativa.
- Llevar a cabo revisiones de programa y actividades frecuentes, y ajustar las actividades del programa a los resultados obtenidos. Crear sistemas para obtener feedback de las partes interesadas e incorporar los datos en las revisiones del programa.

Indicadores clave

- Los programas de emergencia y de recuperación temprana se han diseñado para ser flexibles y para responder a los cambios en el sistema de mercado o en el entorno. Los programas utilizan técnicas de gestión adaptativa.
- Los programas de desarrollo están diseñados para ser flexibles en caso de crisis probables e incluyen modificadores de crisis u otros mecanismos para facilitar una respuesta rápida.
- Los sistemas de seguimiento están dotados de los recursos adecuados y son capaces de recopilar datos puntualmente acerca de la dinómida del mercado.
- El personal tiene tiempo y capacidad para consultar de forma habitual y utilizar los datos de seguimiento del mercado para efectuar ajustes en el programa, según sea necesario.
- Las actividades del programa se ajustan basándose en las evaluaciones y análisis más recientes.

Notas de orientación

1 Flexibilidad del programa

Los donantes y las personas encargadas de la ejecución del programa tienen la responsabilidad conjunta de ser capaces de reaccionar a las realidades del mercado y los programas deben diseñarse de modo que puedan cambiar los enfoques basándose en unas condiciones de mercado cambiantes. En los programas de desarrollo, esto se logra utilizando determinados mecanismos, como los modificadores de crisis, para pasar a la fase de respuesta de emergencia. En la programación de actividades de socorro y recuperación económica, esta flexibilidad podría residir en pasar de una distribución en especie a una programación basada en dinero en efectivo en contextos de mercado cambiantes.

Ejemplo

El proyecto Mejora de la capacidad de resistencia de las zonas de pastoreo mediante expansión del mercado (PRIME, por sus siglas en inglés) en Etiopía comenzó unos pocos años después de la sequía de 2010-2011. La flexibilidad es una de las principales características del programa de desarrollo. Se asegura gracias a un modificador de crisis que permite que los fondos puedan emplearse para respuesta temprana y que se realicen actividades de emergencia para ayudar a «proteger los beneficios del desarrollo». Cuando se produjo una nueva sequía, los fondos se reorientaron y se dedicaron al suministro de forraje y a la compraventa de ganado.

👍 Ejemplo

El Comité de Rescate Internacional (IRC, por sus siglas en inglés) participa en la respuesta en el sureste de Níger para cubrir las necesidades humanitarias desde 2013. Al enfrentarse a un contexto cambiante y a un entorno operativo difícil, el equipo desarrolló un mecanismo de «respuesta rápida» con los fondos de múltiples donantes. Gracias a los fondos y personal específicos para este mecanismo, con la información recibida de los centros de atención y de la red de comités se pueden poner en marcha evaluaciones multisectoriales mediante encuestas en los hogares, entrevistas con los informantes clave y debates con los grupos objetivo. Un sistema de puntuación identifica los problemas críticos y prioriza a las zonas de difícil acceso y muy vulnerables. Estas evaluaciones han permitido suministrar rápidamente comida, productos no alimentarios y acceso al y al saneamiento y a la promoción de la higiene, según el caso.

② Recursos para los sistemas de seguimiento

La capacidad de adaptarse con eficacia a circunstancias cambiantes depende de la calidad y la puntualidad de la información proporcionada al personal y a la dirección del programa. En muchos casos, las evaluaciones se ven retrasadas y los resultados llegan tarde o no son lo suficientemente exhaustivos como para resultar útiles para la toma de decisiones. Cuando sea posible, los programas deberían aprovechar los mecanismos existentes, como la Red de sistemas de alerta temprana contra la hambruna (FEWS NET, por sus siglas en inglés), el Programa mundial de alimentos (PMA), entre otros, que muestran los precios y ofrecen más información relevante que puede dar una idea sobre la dinámica de mercado cambiante. Así pues, los sistemas de seguimiento deben centrarse en una recopilación puntual y análisis de los datos, y deben disponer de los recursos adecuados para llevar a cabo esta importante función (véanse también las *Normas en materia de valoración y análisis 4* y *5*).

3 Gestión adaptativa

Los directores de programas y líderes de equipo deben ser conscientes de que tendrán que efectuarse ajustes en el programa según lo dicten los datos, especialmente en contextos muy volátiles. Los programas deberían prever actualizaciones frecuentes, emplear indicadores que permitan efectuar cambios en el mercado, ser capaces de reasignar recursos según las oportunidades y restricciones encontradas, y disponer de sistemas de seguimiento de los cambios en las actividades. Lo ideal sería que el personal del proyecto contase con múltiples habilidades complementarias (p. ej., los expertos en efectivo, los mercados) y se les contratara especialmente por su forma de pensar creativa y capacidad de resolver problemas de forma colaborativa. Los líderes deberían crear un espacio de debate y apoyar a quienes busquen nuevas soluciones o modos de trabajar.

Ejemplo

Los líderes del programa y el donante acuerdan al principio del proyecto qué impactos y resultados son los más importantes. Las actividades y algunos indicadores pueden modificarse siempre y cuando las nuevas actividades contribuyan a las prioridades de impacto originales. Estos cambios normalmente se basarán en evaluaciones de campo y otros datos de mercado, y se documentarán en informes de proyecto. El presupuesto está diseñado con un grado de flexibilidad que permita cambios en el nivel de actividad.

Norma en materia de desarrollo empresarial y sistemas de mercado 4
Trabajar con los agentes del mercado existentes y aplicar enfoques de facilitación

Las intervenciones se llevan a cabo a través de las estructuras existentes y están diseñadas e implementadas pensando en la sostenibilidad a largo plazo y en la capacidad de resistencia.

Acciones clave

- Generar sostenibilidad y capacidad de resistencia asegurando la apropiación local de las actividades y ejecutándolas, siempre que sea posible, a través de socios ya activos en el sistema de mercado.
- Establecer una comunicación imparcial y transparente con actores del mercado formales e informales al diseñar las actividades.
- Ejecutar el programa desde un enfoque orientado a la facilitación y mantener la separación entre actividades del proyecto y actividades del sistema de mercado. Los encargados de llevar a cabo los programas no deberían asumir funciones del mercado.
- Trabajar en múltiples puntos de un sistema de mercado para atajar las causas fundamentales de las restricciones y vulnerabilidades.
- Diseñar las actividades cuya estrategia de salida sea una transición natural y clara.
- En áreas propensas a la crisis, incluir actividades que aborden las vulnerabilidades del sistema de mercado en todos los programas humanitarios y de recuperación. Asegurarse de que las agrupaciones o grupos de coordinación son conscientes de estas vulnerabilidades y de las acciones que se están emprendiendo para resolverlas.

Indicadores clave

- Los programas involucran al sector público y privado en calidad de socios, y evitan entrar directamente en el mercado. En caso de tener que hacerlo, se aseguran de disponer de una estrategia de salida desde el comienzo.
- Los programas dejan claros desde el principio sus motivos para trabajar con las empresas y explican con transparencia el modo en el que trabajar con las empresas beneficiará a la población objetivo en calidad de consumidores, proveedores o empleados (para empleados, véase también la *Norma en materia de empleo 1*).
- Los subsidios son temporales, se basan en un análisis y se utilizan de forma selectiva para estimular una respuesta del mercado.
- Se diseñan soluciones a corto plazo que contribuyan a alcanzar objetivos a más largo plazo.

Notas de orientación

1 Apoyo en los diferentes niveles de los sistemas

Para mejorar la eficacia de las intervenciones, los programas deben plantearse la necesidad de trabajar en varios niveles del sistema de mercado o de la cadena de valor. Las actividades puestas en marcha con los procesadores, mayoristas o el gobierno (indirectas o de apoyo a los sistemas) pueden resultar tan beneficiosas para la población objetivo como las intervenciones destinadas directamente a las personas u hogares (véase también la *Norma esencial 5*). Utilice una herramienta de análisis de respuesta para analizar los resultados potenciales de los métodos directos e indirectos y seleccionar actividades en función de los resultados deseados (escala, cambio del comportamiento, impacto en grupos objetivo específicos, etc.). Las cadenas de resultados también pueden resultar útiles para decidir utilizar métodos directos o indirectos.

A veces, el personal del programa no entiende que los intermediarios (p. ej., los mayoristas intermediarios) pueden desempeñar un papel importante en el mercado. Incluya en todas las evaluaciones el estudio de los papeles de los intermediarios en el sistema de mercado y el modo en el que pueden catalizar las actividades de facilitación.

👍 Ejemplo

Para apoyar a los agricultores pobres en Azerbaiyán, el Comité Internacional de Rescate (IRC, por sus siglas en inglés) reparó los tendidos eléctricos cercanos a un molino de grano, reduciendo significativamente la distancia (y, con ello, los costo de transporte) que los agricultores debían recorrer para moler su grano. El resultado fue un aumento de sus beneficios. El subproducto del molino se utilizó como pienso para los animales, lo cual mejoró el estado nutricional del ganado local puesto que ahora disponían de pienso económico.

👍 Ejemplo

En Haití, los costo de productos alimentarios básicos se dispararon en las zonas donde los pequeños mayoristas no disponían de espacio para almacenar los productos al por mayor. Al facilitar la reparación de pequeños almacenes, las organizaciones ayudaron a reducir los costo de los alimentos esenciales para los consumidores pobres. Los mayoristas pudieron volver a adquirir los productos al por mayor y vender así a unos precios más bajos, mejorando, por lo tanto, la seguridad alimentaria en la zona ya que había más personas que podían pagar por la comida. Al vender más, los beneficios de los mayoristas aumentaron.

② Seleccionar los socios del sector privado

Al emplear un enfoque de facilitación en el mercado, es importante seleccionar correctamente a los socios del sector privado ya que puede afectar a los resultados. Lo puntos que deben tenerse en cuenta a la hora de seleccionar a los socios son:

- Catalizador:
  - ¿Se encuentra el socio en el punto apropiado de la cadena de mercado para ayudar a impulsar el cambio deseado?
  - ¿Tiene el socio suficiente influencia entre sus colegas y clientes para ayudar a efectuar este cambio?
  - ¿Afectará la relación del socio con el gobierno positiva o negativamente a los resultados del proyecto?

- Voluntad:
  - ¿Ha decidido el socio participar voluntariamente?
  - Siendo realista y teniendo en cuenta sus necesidades empresariales, familiares y las actividades de recuperación, ¿Dispone realmente el socio de tiempo para participar?
  - ¿Cuánto invertirá el socio directamente en la actividad? (Esto es un indicador de su compromiso).
- Habilidades/capacidades:
  - ¿Dispone el socio de las habilidades técnicas necesarias para participar en la actividad?
  - En caso contrario, ¿tiene usted tiempo para enseñarle dichas habilidades?
  - ¿Dispone el socio de las habilidades empresariales para participar en la actividad?
  - En caso contrario, ¿tiene usted tiempo para enseñarle dichas habilidades?
  - ¿Cuenta el socio con la capacidad económica para lograr los objetivos deseados?
  - ¿Dispone el socio de personal con capacidad de liderazgo para llevar a cabo la actividad de forma independiente? ¿Estarán disponibles para el proyecto a lo largo de toda su vida útil?
  - ¿Podrá el socio continuar el trabajo una vez finalizado el proyecto?

La participación activa del sector privado en el diseño de las actividades es esencial para asegurar la apropiación del proyecto por parte de la comunidad empresarial y las empresas objetivo. Además, les permite aportar sus conocimientos técnicos y recursos. Las empresas existentes —ya sean compradores, procesadores o productores (agricultores)— pueden asumir el liderazgo sostenible necesario para impulsar la innovación.

Las oportunidades y restricciones del mercado suelen requerir una respuesta coordinada por parte de las empresas de un sector o subsector y esto requiere confianza y voluntad para colaborar. Plantéese la conveniencia de colaborar con las estructuras industriales existentes, como cámaras de comercio o asociaciones comerciales, incluso para respuestas humanitarias, puesto que suelen contar con redes bien organizadas. La programación debería contar con los medios para reforzar la colaboración y las relaciones entre los actores y entre las empresas y personas objetivo (véanse también las *Norma esencial 2* y *5*).

③ Colaboración con el sector público

El desarrollo del sistema de mercado y empresarial ha de reconocer las funciones respectivas del sector público y del privado. No suele ser buena idea que el sector público lidere las actividades empresariales. No obstante, en muchos casos, algunas agencias gubernamentales pueden ofrecer servicios a nivel local para las empresas, ya sean formales o informales. Cuando resulte conveniente, los programas deberían colaborar con estas agencias en lugar de crear sistemas de suministro paralelo, así como intentar armonizar las actividades con las prioridades gubernamentales estratégicas.

④ Subsidios

Los subsidios, a menudo materializados en forma de préstamos o préstamos colectivos, pueden resultar eficaces para ayudar a sustituir los activos (como el equipo) que hayan sido destruidos durante una crisis (véanse también las *Normas en materia de distribución de activos*). Los subsidios también pueden destinarse a expandir y explorar nuevos mercados y a la innovación, así como a demostrar el potencial de una tecnología mejorada. No obstante, los subsidios no son sostenibles y deberían ser temporales y concederse de forma selectiva. A largo plazo, los subsidios tienden a distorsionar el mercado y deberían evitarse siempre que sea posible. Si son absolutamente necesarios, las organizaciones deberían planear desde el principio cuánto van a durar y comunicárselo claramente a los receptores y a otras partes interesadas.

👍 Ejemplo

En Etiopía se ofreció a los agricultores un vale de un 30 % de descuento para la adquisición de bombas solares en una feria comercial o en un plazo de 10 días después de esta. El descuento animó a los agricultores a probar una tecnología nueva, pero entendieron que sólo se aplicaba durante un tiempo limitado. En esta feria, descubrieron nuevas tecnologías y el distribuidor les dio información sobre otros productos suyos, como lámparas solares, y la ubicación de su tienda (para posibles compras futuras). El proyecto solo cubría el costo del descuento, para que el distribuidor pudiera conservar su margen de beneficios y continuar expandiendo sus canales de distribución, poniendo la nueva tecnología a disposición de áreas más allá del centro de la ciudad.

⑤ Transparencia

En los programas de socorro, recuperación y desarrollo es importante comprometerse con los actores del mercado con total transparencia desde el comienzo de las actividades. Se debe consultar a los actores del mercado e informarles de los enfoques y objetivos del programa para trabajar con las empresas, cuáles serán las actividades clave y cómo se implicarán las empresas. Si los actores del mercado no se involucran en el diseño de las actividades de socorro, recuperación y desarrollo, estos podrían no adherirse a las actividades.

⚠ Historia con moraleja

En Filipinas, no se consultó a la Cámara de comercio durante el diseño de la respuesta inicial. En las actividades de recuperación posteriores, los miembros de la Cámara se mostraron escépticos acerca del compromiso de las ONG de trabajar con el sector privado, debido a las consecuencias negativas que había causado la respuesta inicial sobre sus negocios.

Norma en materia de desarrollo empresarial y sistemas de mercado 5
Apoyar la viabilidad y el crecimiento de empresas y sistemas de mercado

El diseño de las actividades, incluida la respuesta de emergencia, tiene en cuenta la capacidad de resistencia y la sostenibilidad, centrándose en la estabilización y/o el crecimiento de los medios de vida y empresas de todos los tamaños.

Acciones clave

- Utilizar las herramientas disponibles para diseñar actividades que asignen una función apropiada a cada parte interesada y garantizar que los encargados de una acción o función de mercado a largo plazo asuman su función lo antes posible. (véanse los recursos y marcos en el Anexo)
- Incorporar estrategias de mitigación del riesgo en las intervenciones para ayudar a las empresas a prepararse para impactos potenciales y para reforzar la capacidad de resistencia en todo el sistema de mercado.
- A la hora de evaluar las empresas y explotaciones agrícolas, tener en cuenta los factores relativos a la mano de obra y la necesidad potencial de actualizar sus conocimientos, especialmente para los grupos objetivo (véase también *Norma de empleo 2*).
- Incluir funciones de apoyo e infraestructura económica (p. ej., servicios financieros, transporte, almacenamiento) en las evaluaciones de los sistemas de mercado y determinar cómo las respuestas de emergencia pueden contribuir a estas funciones (o evitar crear cuellos de botella).
- Asegurarse de que las empresas y agricultores tienen acceso a información fiable sobre el mercado que les permita cambiar los precios, saber qué productos producir y dónde venderlos.
- Reforzar las relaciones entre empresas beneficiosas para ambas. Examinar y reforzar los vínculos entre empresas, tanto horizontales (entre empresas del mismo nivel) como verticales (entre empresas situadas por encima o por debajo en la cadena de mercado).
- Informar a las empresas de asuntos legales y normativos que les afecten de algún modo, especialmente los identificados durante los análisis de los sistemas de mercado.

Indicadores clave

- Las intervenciones y los planes incluyen estrategias de mitigación de riesgos.
- Las actividades del programa estabilizan o aumentan los ingresos de las empresas y hogares objetivo.
- Las empresas disponen de acceso asequible a servicios de apoyo.
- Los programas funcionan en múltiples niveles del sistema de mercado.
- Las empresas y granjas tienen acceso a información fiable sobre el mercado.
- Las empresas conocen las normativas que les afectan y pueden cumplirlas en la mayor medida posible. Los programas también sirven para abordar restricciones del entorno relacionadas con las reglas, normas y reglamentos formales e informales.
- Se anima a las empresas (y se les imparte formación si es necesario) a trabajar de un modo responsable con la sociedad y el medio ambiente.

Notas de orientación

1 **Estrategias de mitigación de riesgos para las empresas**

Ayudar a los actores del mercado a evaluar los impactos, incluyendo planificación de contingencia en caso de desastres para los riesgos más importantes o comunes en su contexto. Esto puede incluir planificación financiera y organizativa. Aumentar la capacidad de los actores del mercado para anticiparse al riesgo y determinar su exposición y los niveles de tolerancia al riesgo mejora las decisiones de inversión, los análisis de rentabilidad, la preparación y la capacidad de resistencia propia y del sistema de mercado.

> **⚠ Historia con moraleja**
>
> Un programa de agroindustria pone en contacto a pequeños agricultores con un fabricante de patatas fritas. Los pequeños agricultores optan por pasar de la rotación de cultivos a especializarse en la variedad de patatas solicitadas por este fabricante, con la promesa de una buena rentabilidad de sus cosechas. Dos años después, una plaga de la patata arrasa todos sus cultivos (y con ellos sus ingresos de todo el año) y les deja sin cultivos alternativos con los que obtener ganancias ni medios para alimentar a su familia. La agencia que puso en marcha el programa debería haber informado mejor a los agricultores acerca de los riesgos de especializarse en una variedad de patata y haberles ayudado a aprender cómo minimizar el riesgo. Por ejemplo, podrían haber plantado patatas junto con uno o dos cultivos más de alto valor, en lugar de centrarse en un solo cultivo valioso.

② Aumento de los ingresos

Todos los programas de recuperación económica deberían aumentar los ingresos directa o indirectamente, o al menos hacerlos más estables. Cualquier programa que no lo haga posiblemente esté diseñado únicamente como ayuda, y no como un medio para el desarrollo empresarial o refuerzo de los medios de vida. Por consiguiente, debería definirse como un programa de ayuda. Para muchas empresas, especialmente pequeñas y microempresas, este concepto puede describirse en términos de crecimiento y competitividad. No obstante, los resultados aún mejorarán más y lograrán unos beneficios más estables. El éxito de las empresas y comunidades depende de fuentes de ingresos fiables y diversificadas (véase también la *Norma esencial 1*).

③ Poner en contacto a las empresas con proveedores de servicios empresariales

Las empresas forman parte de sistemas de mercado mayores y necesitan acceder a una amplia gama de productos y servicios para tener éxito. Los servicios de transporte, financiamiento, almacenamiento y reparación son ejemplos de servicios empresariales que una empresa podría necesitar para salir adelante con éxito. Las evaluaciones deberían incluir información acerca de los servicios existentes y de su uso. Para ello, puede resultar útil realizar un análisis de la red. Si los servicios esenciales no están disponibles y/o no están accesibles ni son asequibles, quizás no sea viable apoyar a la empresa. Se debería prestar especial atención a facilitar las relaciones entre las empresas y las entidades financieras (véanse también las *Normas en materia de servicios financieros*).

4 Formación

Los programas deberían evitar pagar a los alumnos (lo que podría denominarse «tarifas de asistencia») por asistir a la formación o a los talleres, puesto que el pago distorsiona los incentivos de la participación. Aunque se entiende que la formación resta tiempo a las actividades productivas y responsabilidades del hogar, en general se reconoce que, si los participantes la consideran valiosa, la participación bien vale su tiempo. Si no se considera valiosa (si los alumnos no desean asistir si no reciben una retribución económica), el proyecto debería plantearse si los temas tratados son realmente relevantes para los participantes y si se ha informado lo suficiente acerca de su relevancia. En estas «tarifas de asistencia» no se incluirán otros gastos en los que incurran los participantes, como el transporte, las dietas o el alojamiento. Por lo tanto, estos gastos pueden subvencionarse o gestionarse por separado. No existen restricciones acerca de solicitar a los alumnos el pago por su participación, puesto que su disposición a pagar también muestra que valoran los temas tratados.

5 Información sobre el mercado para empresas y explotaciones agrícolas

Los programas deberían asegurarse de que las empresas e individuos objetivo tienen acceso a información actualizada y fiable sobre el mercado actualizada y fiable. Esto incluye, entre otros, saber quién compra los bienes o servicios en cuestión, qué cantidad y calidad prefieren, qué precio están dispuestos a pagar los distintos compradores, dónde ir para adquirir los suministros o servicios necesarios, cómo cambian los precios con la estacionalidad o qué normas administrativas y fiscales deben respetarse. Necesitan esta información tanto las empresas familiares y granjas como las grandes empresas. Sin embargo, por muchos motivos (zonas remotas, falta de acceso a tecnologías de comunicación, malentendidos o información anticuada, o competencia) esta información del mercado no fluye a través del sistema de mercado como debería. Sin ella, una empresa corre el riesgo de tomar decisiones empresariales poco fundamentadas y, potencialmente, de perder dinero. De hecho, los programas de desarrollo de empresas, en ocasiones se centran exclusivamente en mejorar el flujo de información sobre el mercado y con esto logran un éxito considerable.

Ejemplo

En el norte de Uganda, las tiendas de productos agrícolas de los pueblos colaboraban directamente con proveedores de semillas acreditados de la capital. (Durante muchos años, fue el gobierno el que suministraba las semillas a los agricultores). De este modo, las tiendas obtenían semillas de mayor calidad en un plazo menor y los proveedores comprobaron que la venta en paquetes más pequeños (de 1 kg y 2 kg) era más asequible para los agricultores. Esto aumentó sus ventas y su reputación como vendedores de semillas de buena calidad, puesto que no era necesario abrir paquetes más grandes (que pudieran contaminarse o confundirse) para vender pequeñas cantidades de semillas.

6 Marco regulador para las empresas

Las organizaciones comprometidas con el desarrollo de las empresas deberían conocer el marco regulador del mercado o mercados donde trabajan y asegurarse, tanto como sea posible, que las empresas con las que trabajan son legales y cumplen la normativa nótese que una empresa puede ser legal pero informal. Esto incluye contar con las licencias necesarias, pagar los impuestos y cumplir otros reglamentos. Si el entorno tolera una informalidad generalizada, los programas pueden trabajar con empresas informales, pero deberían (en la medida de lo posible) apoyar y propugnar una agenda que prevea la transición a una infraestructura más formal.

Historia con moraleja

Tras el tsunami del océano Índico en 2004, algunas organizaciones humanitarias comenzaron a repartir embarcaciones de pesca a motor a las comunidades de pescadores afectadas, en lugar de restituir los catamaranes tradicionales que habían perdido durante el tsunami. No se analizaron los mecanismos de pesca habituales de la comunidad. La Marine Fisheries Regulation Act (Ley de pesca marina) de 1994 prohibió la pesca a embarcaciones a motor en un área de ocho millas náuticas desde la costa. Sin embargo, con estas embarcaciones pescaron dentro de esas ocho millas previstas por la ley, lo cual minó el negocio de las barcas tradicionales y la ecología. Cuando se les informó de este problema, las organizaciones humanitarias comenzaron a entregar catamaranes tradicionales. Unas pocas organizaciones repartieron estos barcos a través de un mecanismo de cooperación conjunta que, a su vez, ayudó a llegar a más miembros de la población objetivo que disponía de recursos limitados.

En mercados informales, a menudo existen requisitos informales para el funcionamiento controlados e impuestos a través de redes sociales y vínculos con quienes controlan el mercado. Para la programación, es necesario comprender y tener en cuenta cómo afectan a la viabilidad de las empresas y medios de vida objetivo. Los reglamentos y procedimientos relacionados con las empresas pueden generar repercusiones negativas desalentar la creación y gestión de las empresas. Debido a la debilidad institucional en situaciones posteriores a un conflicto y a la escasa capacidad para hacer respetar la ley, aplicar las normas puede resultar todavía más difícil, confuso y opaco. Estas condiciones suponen un obstáculo para la recuperación de las empresas y deben suprimirse gradualmente introduciendo los incentivos apropiados y creando las capacidades institucionales adecuadas. Aunque el problema debe abordarse desde el gobierno central, algunas medidas específicas podrían descentralizarse siempre y cuando las autoridades locales dispongan de capacidades para hacerlas cumplir.

⑦ Corrupción

La corrupción es una característica común en las situaciones posteriores a una crisis, puesto que las condiciones existentes permiten su expansión. A su vez, la corrupción reduce la credibilidad y el apoyo social al gobierno y, como consecuencia, alimenta la inestabilidad política y el conflicto. Cuando la población considera injustos y negativos la corrupción y el abuso de poder público (p. ej., exigencia de pago de impuestos ilícitos), a las empresas legales les cuesta arrancar y crecer. En esos casos, sería necesario luchar contra la corrupción y el abuso para apoyar el crecimiento de la economía y contribuir a una estabilidad a más largo plazo. En situaciones posteriores a un conflicto, los flujos de ayuda también pueden percibirse como oportunidad para fomentar los negocios ilícitos, si esta ayuda se malgasta o desperdicia. Para evitarlo, es necesario establecer unos mecanismos sólidos de rendición de cuentas y de mitigación de los riesgos.

8 Empresas responsables

Las inversiones en empresas «responsables» contribuyen a la paz y la estabilidad. Dichas inversiones deberían ser transparentes, compatibles con los valores locales y las necesidades de desarrollo, y sensibles al conflicto. Además, las empresas responsables no explotan los recursos naturales, sino que contribuyen activamente a su protección y renovación. Se han desarrollado numerosos códigos de conducta para empresas, encaminados a promover el crecimiento económico, los derechos humanos, la protección del medio ambiente y el desarrollo social. Algunos son específicos para cada sector (p. ej., petróleo, gas, minerales, metales) y otros están relacionados con normas laborales (véase también la *Norma en materia de empleo 1*).

Normas en materia de distribución de activos

Norma 1
La programación de activos responde a las necesidades identificadas

Norma 2
La programación de activos estimula la recuperación sin debilitar los mercados locales

Norma 3
Los activos productivos están protegidos

Norma 4
El reemplazo de los activos es justo y transparente

Norma 5
Los activos incrementan y diversifican los medios de vida

4 Normas en materia de distribución de activos

En esta Norma, por «activos» entendemos los *activos productivos*, a saber, recursos utilizados para generar o facilitar ingresos, beneficios y/o valor. Los términos «activos» y «activos productivos» se usan indistintamente en este capítulo. Otros activos para la subsistencia, como el capital social, el capital humanos, el capital financiero y los recursos naturales, también son importantes para el crecimiento económico, pero no se describen exhaustivamente aquí. Las personas pueden emplear los activos físicos de dos modos: 1) pueden ser sus propietarios o controlarlos directamente o 2) pueden tener acceso a recursos que no les pertenecen.

Tras una crisis, los programas de activos deben responder a necesidades individuales y de los hogares sin minar los mercados locales, y abordar las cuestiones de la transparencia, equidad e impacto a más largo plazo. La programación de la distribución de activos protege o reemplaza los activos necesarios para unos medios de vida productivos siguiendo tres enfoques:

1. *Proteger los activos existentes* para que no se consuman, se pierdan o se vendan para satisfacer necesidades básicas inmediatas.
2. *Sustituir los activos* perdidos por culpa de una crisis, calculando el valor de los activos perdidos y sustituyéndolos según corresponda o suministrando un tipo de activo (p. ej., herramientas) a todos los hogares objetivo. Se pueden suministrar activos nuevos o adaptados cuando los medios de vida anteriores ya no sean viables.
3. *Facilitar el acceso a los activos* para la expansión, adaptación, creación o diversificación de los medios de vida después de una crisis para aumentar los ingresos o las posibilidades de acceder a nuevos medios de vida.

Mientras los dos primeros enfoques de la programación de activos se centran en el acceso y control de los activos físicos, el tercer enfoque podría basarse en los esfuerzos para mejorar otros tipos de capital (como el humano, el social y el natural).

Existen muchos modos de lograr estos objetivos. El enfoque más adecuado depende del contexto, el propósito del programa y el grupo objetivo. Las metodologías más comunes incluyen:

1. *Transferencias de efectivo:* pagos directos de dinero a un individuo para que pueda comprar los activos necesarios o evitar la venta de los activos existentes. Habida cuenta de la eficiencia y la rapidez con la que se pueden implementar estos programas, el apoyo que suponen para los mercados y empresas locales, y el poder del receptor para escoger qué, cuándo y cómo comprar, las transferencias en efectivo suelen considerarse un modo particularmente eficiente y eficaz de respaldar los objetivos del programa. Por ejemplo: a los vendedores del mercado se les entrega dinero en efectivo por el valor del equipo perdido en un incendio en el mercado. Los beneficiarios pueden usar este dinero para cualquier fin empresarial, incluida la creación de una empresa distinta a la que tenía antes del incendio.

2. *Vales:* un cupón, un pedazo de papel o su equivalente electrónico que puede canjearse por bienes o servicios. Funcionan de un modo similar a las transferencias de efectivo, pero permiten a la organización restringir los productos adquiridos. El uso de vales es una opción intermedia que limita cómo se utiliza el dinero, pero sigue concediendo libertad a los receptores para elegir entre unos pocos productos o fuentes. Por ejemplo: a los refugiados se les entrega una libreta de cupones por valor de 400 dólares americanos para comprar productos para el hogar (mantas, cortinas, cazuelas y sartenes) para reemplazar los que han perdido. Pueden usarlos en cualquiera de las 30 tiendas distintas de la ciudad cercana a su campo. Pueden escoger lo que necesiten y se les dan hasta seis meses para usar los vales. Los propietarios de las tiendas tienen acuerdos con la organización y reciben el pago por los vales aceptados mensualmente.

3. *Entrega directa:* los activos también pueden adquirirse y entregarse directamente a los beneficiarios, especialmente en situaciones en las que los mercados locales no funcionan. Debido a las normas de los donantes, esta alternativa sigue siendo el modo más sencillo de distribución de activos desde un punto de vista administrativo. Por ejemplo: a los hogares que

anteriormente cuidaban aves se les dan pollos y pienso para reiniciar sus actividades de subsistencia tras una inundación.

4. *Otros:* además, pueden emplearse otros enfoques para la recuperación y protección de activos. Por ejemplo: un programa de acceso al financiamiento podría ofrecer garantías de préstamos a pequeñas empresas para ayudarles a acceder al crédito para sustituir los activos perdidos en una crisis o se pueden conceder subvenciones para fomentar la expansión de los medios de vida utilizando nuevas tecnologías. La reducción de existencias es otra alternativa para proteger los activos que puede ponerse en marcha para mitigar las consecuencias de las crisis económicas.

Gran parte de la programación de recuperación temprana se centra en los medios de vida pecuarios o agropecuarios, por lo que las intervenciones dirigidas al ganado suelen desempeñar un papel esencial en la programación de distribución de activos. Las *Directrices y normas de emergencia para el sector ganadero* (*LEGS,* por sus siglas en inglés) ofrecen orientación detallada específica para la protección y recuperación de los activos pecuarios de las comunidades afectadas por una crisis.

En el Anexo puede consultar páginas web y recursos disponibles para obtener explicaciones y análisis más detallados de estas metodologías.

Para la programación de protección de activos, reemplazo de activos y activos para la expansión, diversificación y adaptación de los medios de vida, se aplican las Normas en materia de distribución de activos 1 y 2. Estas son transversales y sirven como base mínima para cualquier programación de activos. Las Normas en materia de distribución de activos 3, 4 y 5 tratan específicamente las actividades de los tres enfoques descritos anteriormente: proteger los activos existentes, recuperar los medios de vida previos y desarrollar medios de vida nuevos y diversificados. Al diseñar e ejecutar programas en las áreas descritas en las Normas 3-5, asegúrese de estar respondiendo a las necesidades de los individuos y de los hogares, tal y como se describe en la Norma 1, y de estimular la recuperación sin debilitar los mercados locales, tal y como se indica en la Norma 2.

Norma en materia de distribución de activos 1
La programación de activos responde a las necesidades identificadas

Toda la programación de activos, ya sea para la protección, reemplazo o expansión de los medios de vida, debería dar respuesta a las necesidades de los beneficiarios.

Acciones clave

- Identificar las necesidades, capacidades, preferencias y aspiraciones de los individuos y los hogares.
- Asegurarse de que las necesidades básicas inmediatas están lo suficientemente satisfechas como para evitar la venta de los activos, el consumo inmediato o la venta de productos de apoyo (p. ej., la venta de herramientas cuando se suministran semillas).
- Asegurarse de que se presta especial atención a los grupos vulnerables dentro de la comunidad (las mujeres, los jóvenes, los ancianos, las personas con discapacitados) a la hora de distribuir los activos.
- Asegurarse de que todas las personas (los hombres, las mujeres, los niños y las niñas) comprenden quién se beneficia directamente del activo y por qué. Desarrollar y dar a conocer los criterios de los participantes y los objetivos del programa de forma sencilla y transparente.
- Mitigar los riesgos potenciales o existentes (como consecuencia del programa) para la seguridad física de los individuos, sus activos y los ingresos resultantes, y emprender acciones para minimizar estos riesgos.

Indicadores clave

- Los activos proporcionados o protegidos son esenciales para satisfacer las necesidades básicas de las personas y los hogares.
- Los activos productivos se identifican, protegen, remplazan y/o incrementan de manera equitativa.
- Las personas y los hogares pueden describir el objetivo del programa de activos y la razón por la que han sido seleccionados o no.
- La intervención de los activos no ha generado conflictos ni desigualdades en la comunidad ni en el hogar.

Notas de orientación

① Evaluación de las necesidades

Para proteger los activos productivos, es necesario comprender los patrones de los medios de vida locales y centrar la intervención en los activos con mayor repercusión sobre las fuentes de alimentación e ingresos de los hogares. Los hogares dedicados a la agricultura podrían producir por sí mismos cierto porcentaje de su consumo de alimentos anual pero, en caso de que se adquieran la mayor parte de los alimentos, el objetivo inmediato debería ser asegurar el acceso a alimentos en el mercado y a las oportunidades de trabajo que generan ingresos. También deben tenerse en cuenta las dinámicas internas de los hogares: asegurarse de que los activos se usan de un modo que beneficie a todo el hogar, que los individuos no se ponen en riesgo al hacerse responsables de gestionar un activo y que el activo no crea problemas de violencia doméstica ni de explotación.

② Idoneidad

La programación de la distribución de activos solo funcionará si los beneficiarios están listos, son capaces de utilizar los activos y desean hacerlo, y si esta actividad constituirá un medio de vida viable para ellos. Las evaluaciones deberían incluir debates con los usuarios potenciales de un activo, centrándose especialmente en las preferencias (como el tamaño o el tipo de equipo) que podrían hacer que un individuo no diera uso al activo.

👍 Ejemplo

Tras un conflicto, se llevaron vacas a una comunidad y se distribuyeron entre los grupos más vulnerables, incluidos los ancianos, para asegurarles el alimento. Una semana después de la distribución, una abuela devolvió la vaca a la oficina del proyecto diciendo que era demasiado grande para poder manejarla y que era "mala". Preguntó si podía venderla para comprar una vaca autóctona más pequeña que pudiera manejar con más facilidad.

❸ Impacto en grupos vulnerables

Asegurarse de que se tienen en cuenta las necesidades de algunos grupos específicos (mujeres, jóvenes, personas con discapacidades, ancianos y grupos étnicos desfavorecidos) y prestar atención para no fomentar la discriminación cultural ni avivar el conflicto, especialmente cuando se trabaja con ministerios y departamentos gubernamentales.

❹ Crear sentido de la propiedad

Los activos para los medios de vida son más valiosos para las personas cuando estas tienen la sensación de poseer dichos activos, en lugar de verlos como un regalo. Para promover el compromiso, los programas pueden requerir a los beneficiarios que inviertan también en los activos objeto del programa, por ejemplo, costeando parte del activo, con inversiones en especie o mano de obra o pagando por el activo (en efectivo o en especie) cierto tiempo después. Se debe prestar atención a evitar que la responsabilidad de la inversión conjunta genere que los individuos contraigan obligaciones excesivas. Allá donde existan instituciones financieras (formales o informales), trabajar con ellas puede ser una estrategia de mitigación, si existe transparencia respecto al nivel de préstamos en el conjunto de la comunidad. Si los hogares y las empresas objetivo ya están invirtiendo en activos por su propia cuenta, los programas deberían plantear la posibilidad de complementar estas inversiones, en lugar de proporcionar directamente los activos, puesto que ello podría debilitar sus mecanismos de adaptación. Puede que las comunidades estén mejor atendidas a través de intervenciones más amplias en el mercado que resuelvan problemas sistémicos. Pueden resultar de gran ayuda para el bienestar económico de los hogares beneficiarios las visitas habituales a medida que van asumiendo riesgos y comienzan a recuperar sus medios de vida previos a la crisis o aprenden nuevas actividades para sus medios de vida. Los «programas de graduación» demuestran la importancia del contacto periódico con los hogares que están intentando mejorar su situación.

> 👍 Ejemplo
>
> Un programa en el norte de Uganda planeaba la construcción de seis alma-
> cenes para las comunidades y pidió que las comunidades objetivo presentasen
> sus propuestas. En las propuestas los grupos solicitaban información sobre
> la composición del grupo, la gestión de los almacenes (una vez construidos),
> y la contribución del grupo a los costos del almacén. No era necesaria ninguna
> aportación de fondos, pero se indicó que esta aportación haría la propuesta
> «más interesante para los jueces». Uno de los grupos ganadores, al que se le
> construyó un almacén, dijo a los evaluadores que estaban muy orgullosos
> de que el almacén estuviese allí gracias a «nuestro duro trabajo». La mayor
> parte de la comunidad no supo que la ONG aportaba fondos, sólo que prestaba
> asistencia técnica. Les dijimos que «fue su trabajo».

⑤ Valorar la inversión conjunta

Una duda técnica común es cómo determinar el nivel de inversión conjunta
solicitada a los receptores de los activos. Para ello, es necesario comprender
la situación económica del receptor potencial (ya sea la suya específica
o la habitual en la comunidad), lo cual debería calcularse a la luz de los
resultados de las encuestas u otros datos sobre los medios de vida, además del
buen juicio. Frecuentemente se parte de una división de los costos a partes
iguales, pero esta división no tiene en cuenta el nivel de riesgo que asume
el receptor del activo productivo. En general, cuanto menor es el riesgo al
que se enfrenta, más debería aportar el receptor. Al tiempo que se tienen en
consideración los costes de la reconstrucción posterior a una crisis, tal y como
se ha indicado anteriormente, existe una relación entre la cantidad invertida
y el nivel de compromiso. El nivel de la contribución del beneficiario debe ser
tal que asegure su compromiso con el uso del activo de forma productiva,
sin disminuir su capacidad de recuperarse de cualquier impacto al que se haya
enfrentado recientemente.

⑥ Evaluación de riesgos

Los programas de activos pueden aumentar involuntariamente algunos riesgos como, por ejemplo, el peligro físico de llevar consigo y almacenar dinero en efectivo y activos, los conflictos sociales entre beneficiarios y otros miembros de la comunidad y problemas a largo plazo debidos a empresas gestoras no viables. Los programas deberían tener en cuenta estos riesgos y susceptibilidades, y reducirlos lo máximo posible.

⚠ Historia con moraleja

Un programa de distribución de efectivo para la sustitución de activos anuncia públicamente que los beneficiarios pueden recoger sus subvenciones en efectivo en una carpa en el campo de fútbol de la comunidad a partir de las 10:00 del sábado siguiente. Las personas esperan en la cola al aire libre sin ninguna seguridad y salen directamente a una carretera principal. Desde la carretera, se veía fácilmente quién recibía el dinero en efectivo y algunos de los beneficiarios fueron víctimas de robos durante los días siguientes.

⚠ Historia con moraleja

En el Líbano, la comunidad de acogida no vio con buenos ojos la distribución de los activos físicos a los refugiados. Aunque las tarjetas bancarias suelen considerarse una manera digna de distribución de ayuda en efectivo, ver a los refugiados hacer cola en los cajeros para sacar su dinero alimentó las percepciones erróneas de su situación y aumentó las tensiones con la comunidad de acogida, cuyos ingresos y medios de vida también se habían visto mermados por la crisis de Siria.

Norma en materia de distribución de activos 2
La programación de activos estimula la recuperación sin debilitar los mercados locales

Toda la programación de distribución de activos, ya sea para la protección, sustitución o expansión de los medios de vida, debería estimular la recuperación y minimizar los impactos negativos (tanto a corto como a largo plazo) sobre las economías locales.

Acciones clave

- Usar los resultados de la evaluación para identificar modos de prestar asistencia a través de mecanismos del mercado local y apoyar al restablecimiento de los mercados cuando sea factible (véase también la *Norma en materia de valoración y análisis 2*).
- Desarrollar planes y estrategias de comunicación para asegurarse de que las donaciones de activos son transparentes desde el punto de vista de la comunidad.
- Desarrollar planes claros de propiedad, gobernanza y gestión para todas las transferencias de activos significativas. Esto resulta especialmente importante con transferencias a grupos, comunidades o instituciones.
- Planificar intervenciones que puedan reconducirse a actividades sostenibles a más largo plazo.

Indicadores clave

- Se han realizado evaluaciones para determinar los impactos potenciales de la intervención en la economía local a corto, medio y largo plazo.
- El programa ejerce un efecto positivo o neutro en el sistema de mercado en general y no crea distorsiones graves en el mercado.
- El hogar y/o la comunidad comprenden y participan en la gestión de los activos cuando corresponde.

Notas de orientación

1 Efectos en los mercados locales

Las evaluaciones han de estudiar el efecto de los programas de activos en los mercados locales teniendo en cuenta diversos problemas de suministro vinculados con la compra y la distribución de activos (p. ej., cómo el suministro local podría afectar a la disponibilidad local del producto para otras personas). Los activos deberán comprarse en los mercados locales siempre que estos puedan satisfacer necesidades básicas y proporcionar los activos productivos que los hogares necesitan. No obstante, estos mercados deben ser capaces de responder a la demanda creciente resultante de una intervención en el mercado sin sufrir una presión inflacionista, lo que podría generar una subida de los precios y la exclusión del mercado de otros e incumpliría el principio de no causar daños de las intervenciones humanitarias.

Evaluar el stock disponible, los precios actuales e históricos, el transporte y los retos logísticos relacionados con el incremento del suministro de bienes ayudará a las organizaciones a diseñar una intervención que apoye las funcionalidades actuales y futuras del mercado. El seguimiento regular de los precios de mercado de los bienes principales, además de los que se distribuyen o adquieren, permitirá a las agencias detener o adaptar sus programas si se descubren indicios de inflación.

👍 Ejemplo

Un programa adquiere equipo de agricultura básico (p. ej., azadas y carretillas) a un mayorista local y lo distribuye a agricultores para reemplazar las herramientas que perdieron en las inundaciones. Gracias a este gran pedido, el mayorista cuenta con el dinero en efectivo necesario para reponer otras mercancías, lo cual aumenta la disponibilidad de productos agrícolas para todos los agricultores de la zona afectada.

> **⚠ Historia con moraleja**
>
> Tras una crisis, el gobierno realiza una enorme distribución de semillas entre las poblaciones de agricultores afectados. Como ahora todo el mundo dispone de semillas gratuitas, el precio de las semillas en las tiendas agrícolas locales se desploma y se reducen drásticamente los ingresos de los productores, importadores, mayoristas, transportistas y minoristas de semillas. Los importadores encargan menos semillas para la próxima temporada, puesto que no están seguros de lo que hará el gobierno, y el suministro de variedades nuevas y resistentes a las sequías es limitado, puesto que no desean disponer de un gran stock si no pueden venderlo a un precio adecuado.

② Impactos a corto, medio y largo plazo

El objetivo de muchas actividades de recuperación y de protección de activos es poner en marcha, reiniciar o expandir rápidamente los medios de vida necesarios para satisfacer las necesidades inmediatas de los hogares. Sin embargo, los programas deberían tratar de evaluar la viabilidad a largo plazo de los diferentes medios de vida, su impacto en un mercado local más amplio para esos bienes y servicios, cualquier efecto en los mercados de trabajo locales y las consecuencias para el medio ambiente. En los programas que incluyen la entrega de dinero o productos, las organizaciones deben trabajar en coordinación con otros programas (véase también la *Norma esencial 2*). Si organizaciones de la misma zona emplean distintos enfoques, especialmente si estos enfoques requieren más compromiso por parte de los receptores, pueden surgir conflictos. En determinadas circunstancias, la distribución de activos puede ayudar a la recuperación a más largo plazo, por ejemplo, permitiendo que los microempresarios recuperen sus empresas para que puedan participar en las actividades de desarrollo empresarial. Las distribuciones de activos pueden interferir en los esfuerzos de recuperación si implican cadenas de distribución u objetivos inadecuados. Por ejemplo, la distribución generalizada de productos adquiridos en mercados externos puede influir negativamente en los intentos de desarrollo de los proveedores locales de esos productos (potenciales beneficiarios indirectos del programa).

③ Modos de transferencia

Las transferencias de dinero en efectivo suelen utilizarse en los programas de recuperación temprana como un modo flexible y sensible al mercado de satisfacer las necesidades básicas y proteger los activos. Mediante la comunicación con los hogares afectados, los programas pueden ayudar a mantener sus medios de vida y reducir los mecanismos de adaptación negativos, así como las ventas de activos productivos. Además, los programas pueden incluir soluciones de mercado para proteger o vender activos de menor productividad, por ejemplo, almacenando las cosechas hasta que aumenten los precios o vendiendo ganado como respuesta a una sequía prolongada. Otras metodologías de programación complementarias pueden repercutir de forma directa en la recuperación y la protección de activos. Por ejemplo, un programa de acceso a la financiación podría ofrecer avales para préstamos a pequeñas empresas para que puedan acceder al crédito y reemplazar los activos perdidos en una crisis y, de este modo, reactivar los mercados. Cuando los puestos de trabajo escasean, los programas de trabajo por dinero en efectivo pueden permitir a los trabajadores obtener ingresos mientras se rehabilita la infraestructura de la comunidad. Existen numerosos documentos que ofrecen directrices y herramientas referentes a estas metodologías. Puede remitirse al Anexo para obtener más información.

👍 Ejemplo

En Filipinas, un ensayo controlado aleatorio de las distribuciones de dinero en efectivo tras el tifón Haiyan demostró que los beneficiarios de transferencias recibidas en una sola vez adquirieron más pequeños activos que aquellos que recibieron la misma cantidad en tres veces. Los hogares que recibieron un pago único invirtieron más en pequeño ganado (como cerdos, cabras o aves). En el periodo de este estudio, no se produjeron las desventajas potenciales de recibir una única suma.

Norma en materia de distribución de activos 3
Los activos productivos están protegidos

Evitar de forma apropiada y rápida la pérdida de activos productivos para que los hogares puedan satisfacer sus necesidades básicas sin perder los activos ni verse obligados a consumirlos o venderos, lo que dificultaría la recuperación de los hogares.

Proteger, ralentizar o detener la pérdida de activos productivos es un primer paso para ayudar a las poblaciones afectadas a recuperarse. Normalmente, las poblaciones deben haberse estabilizado y ser capaces de cubrir sus necesidades más básicas antes de que las organizaciones estén listas para comenzar a restituir los activos perdidos.

Acciones clave

- Identificar las intervenciones necesarias para detener o reducir el uso continuo de estrategias de adaptación negativas y el consumo de los activos existentes. Descubrir cuáles son los activos cuya pérdida tendría consecuencias irreversibles para la recuperación y centrarse en su protección.
- Establecer el enfoque que se utilizará para la protección de los activos (por ejemplo, distribución de dinero en efectivo) basándose en mecanismos de entrega existentes y potenciales, y en el impacto potencial de ese enfoque en los mercados locales (positivo o negativo).
- Buscar actores del mercado capaces de ayudar a proteger los activos y trabajar con ellos para desarrollar soluciones innovadoras. Por ejemplo, los mayoristas que deseen proteger su suministro de productos podrían ampliar el crédito o permitir la adquisición por anticipado.
- Realizar un seguimiento continuo de las necesidades y estrategias de adaptación de los hogares, así como de los mercados (por ejemplo, la evolución de los precios), incluyendo preguntas relacionadas con los productos de apoyo (por ejemplo, pienso para los animales).

Indicadores clave

- Los hogares están aplicando estrategias de adaptación que son saludables, seguras y no menoscaban sus posibilidades de obtener ingresos en el futuro. Los niños pueden seguir asistiendo a la escuela.
- Los hogares conservan los activos productivos durante las crisis inminentes o reducen las pérdidas en el periodo inmediatamente posterior a un desastre.
- Las valoraciones del mercado se utilizan para determinar cuáles son los agentes del mercado que pueden aportar soluciones para la protección de los activos.
- Los activos se protegen mediante seguros.

Notas de orientación

1 Cobertura de las necesidades básicas

Después de una crisis, será prioritario cubrir las necesidades básicas como los alimentos, el agua, los servicios sanitarios y el alojamiento. Teniendo en cuenta que los activos productivos son importantes para satisfacer estas necesidades básicas en situaciones normales, resulta esencial que las intervenciones comiencen antes de que los hogares se vean obligados a consumir o vender sus activos productivos. Aunque es posible que una parte de la población afectada haya vendido los activos inmediatamente después de una crisis, los programas pueden intervenir para evitar que se sigan agotando los activos. Se debe prestar especial atención a los calendarios estacionales, ya que las repercusiones pueden ser más graves y duraderas cuando las intervenciones en materia agraria se realizan demasiado tarde. Las transferencias de efectivo, los vales y las ayudas en especie deben tener como objetivo cubrir las necesidades básicas y diseñarse para fomentar la protección, el mantenimiento y, en la medida de lo posible, el incremento de los activos productivos.

> 👍 **Ejemplo**
>
> Inmediatamente después de un huracán, una costurera vende su hilo y sus tejidos para poder comprar alimentos para sus hijos. Sin esos materiales o dinero para reemplazarlos, su máquina de coser deja de tener utilidad. Un programa ofrece transferencias de efectivo para que las familias en situación de vulnerabilidad puedan comprar alimentos y otros bienes de primera necesidad. Una oportuna transferencia de efectivo evita que se vea obligada a vender su máquina, permitiéndole comprar alimentos para sus hijos y posibilitándole la adquisición de tejidos e hilo para reiniciar su negocio.

> 👍 **Ejemplo**
>
> Después de una inundación, un programa facilita transferencias de efectivo para que los hogares de las zonas rurales puedan cubrir sus necesidades básicas y pagar a los trabajadores agrícolas. A fin de complementar las transferencias de efectivo, el programa ofrece actividades de formación sobre las técnicas apropiadas para la construcción de canales de riego sostenibles. El efectivo permite a los agricultores cubrir sus necesidades básicas y evita que consuman el grano almacenado. La formación y las ayudas para la mano de obra reducen la vulnerabilidad de los agricultores ante futuras inundaciones, protegiendo así los activos y las inversiones del impacto de futuras crisis.

2 Estrategias de adaptación

Los programas destinados a proteger los activos productivos de los efectos de crisis recientes deben contemplar las realidades de la coyuntura posterior a una crisis. Aunque algunas intervenciones mitigan las consecuencias de las crisis y reducen la necesidad de aplicar estrategias de adaptación negativas, es posible que las poblaciones afectadas sigan viéndose obligadas a alterar su comportamiento para adaptarse a los cambios. Los programas para la distribución de activos deben abordar esta realidad y desaconsejar la aplicación de estrategias que pongan en peligro los activos productivos o que sean perjudiciales para la salud o peligrosas. Las familias deben procurar que sus hijos sigan asistiendo a la escuela y evitar que participen en actividades que generen ingresos.

> **Ejemplo**
>
> Después de un periodo de sequía, un programa de respuesta integral incluye una iniciativa de sensibilización de la comunidad para fomentar el almacenamiento de grano por parte de las familias y hace hincapié en la importancia a largo plazo de la siembra. Aunque las familias deseen almacenar su grano, es posible que tengan que hacer frente a la situación con otras medidas, como, por ejemplo, consumiendo hasta la próxima cosecho alimentos menos caros o tipos de alimentos que no les gusten tanto.

❸ Valoración de la conservación de activos

En el mejor de los casos, los programas de activos pueden demostrar que a través de sus actividades se consiguen unos niveles más altos de conservación de activos y una mayor capacidad de resistencia ante futuras situaciones de crisis. No obstante, muchos programas de activos no tienen una continuidad suficiente para medir el nivel de las consecuencias. En el caso de los programas de larga duración que ayudan a las comunidades a dar respuesta a muchas situaciones de crisis durante un periodo de tiempo prolongado (por ejemplo, los programas de ayuda a las comunidades para las crisis derivadas de las inundaciones por las lluvias monzónicas anuales o el cambio climático), este tipo de evaluación del impacto resulta de gran valor.

> **Ejemplo**
>
> El seguimiento continuo de los programas descubrió que los refugiados que habían recibido diversos materiales destinados a prestar apoyo a microempresas, en realidad, estaban vendiendo esos artículos para financiar la continuación de sus viajes hacia otros países. Debido a esto, el programa se modificó para fomentar empresas conjuntas entre miembros de la comunidad de refugiados y miembros de la comunidad local de acogida. Esta medida sirvió para mejorar las relaciones entre ambas comunidades y facilitar el registro de las empresas.

Norma en materia de distribución de activos 4
El reemplazo de los activos es justo y transparente

Cuando los activos esenciales para la subsistencia quedan destruidos, se sustituyen de manera justa y transparente para ayudar a las familias a recuperar y fortalecer su capacidad económica sin menoscabar la economía local.

Acciones clave

- Evaluar la viabilidad y la adecuación de la continuación o la reanudación de las actividades de subsistencia previas a la crisis (¿siguen siendo viables esos medios de vida? ¿Son sostenibles?).
- Señalar las carencias en lo referente a los principales activos necesarios para reanudar las actividades de subsistencia previas a la crisis y determinar el coste de los activos productivos necesarios.
- Ajustar la ayuda prestada a las personas en función de su capacidad, sus habilidades y las oportunidades del mercado.
- Reconocer que lo «equitativo» no es siempre justo y buscar soluciones que tengan en consideración las circunstancias personales y las vulnerabilidades, siempre que sea posible.
- Comunicarse con claridad con los hogares, los líderes y las comunidades en lo que respecta a los criterios de intervención.
- Proporcionar formación al introducir nuevos tipos de activos.
- Diseñar intervenciones a corto plazo teniendo en consideración su evolución en el mercado a más largo plazo y los objetivos para la recuperación, siempre que sea posible. No minar las actividades para la recuperación económica que tengan una visión a largo plazo.

Indicadores clave

- Las valoraciones del mercado se utilizan para determinar la viabilidad a medio y largo plazo de los medios de vida.
- Las personas beneficiarias utilizan los activos para los fines previstos; la incidencia de venta o desviación de activos es mínima.
- Los ingresos, la producción o los indicadores relativos a determinadas actividades vuelven a los mismos niveles de antes de la crisis y se mantienen así a medio plazo (una señal de que «los medios de vida se han recuperado»).
- Los hogares pueden explicar claramente los criterios del programa y los motivos por los que han sido seleccionados (o no).
- Cuando una intervención implica el uso de nuevo material o nuevas tecnologías, se proporciona la formación adecuada.
- Se tienen en cuenta los hogares en situaciones de vulnerabilidad excepcional.

Notas de orientación

1 **Consideración de las necesidades y las capacidades de los hogares**

La programación de intervenciones debe tener en cuenta las habilidades, las capacidades y las ambiciones de las personas. En concreto, la programación en un periodo inmediatamente posterior a una crisis o un periodo de perturbación prolongado debe tener en cuenta la capacidad de las personas para implementar la actividad económica que el programa se ha marcado como objetivo tanto a corto como a largo plazo. Además, los programas deben incluir intervenciones que se adapten a las coyunturas variables de los mercados laborales y económicos. En determinados contextos, como aquellos en los que se producen grandes desplazamientos, es posible que los medios de vida anteriores a la situación de crisis dejen de ser viables por diversos motivos. Si las evaluaciones del contexto indican que es así, puede ser conveniente ayudar a la gente a encontrar nuevos medios de vida mediante la diversificación de sus actividades. Asimismo, deben tenerse en cuenta el contexto político y la dinámica intercomunitaria desde un punto de vista que evite causar perjuicios. En la siguiente norma se ofrecen más consejos orientativos para este tipo de programas.

⚠ Historia con moraleja

Tras el tsunami en el océano Índico, se distribuyeron miles de embarcaciones a las poblaciones locales para ayudarles a reanudar la actividad pesquera. La mayoría de esas embarcaciones eran botes de pesca de bajura, aunque los pescadores locales disponían anteriormente de embarcaciones de muchos tipos y tamaños destinadas a ciertos tipos de pescado y zonas geográficas específicas. Por la mala selección de los beneficiarios, el análisis insuficiente del uso e impacto, muchas embarcaciones resultaron no ser apropiadas y nunca se utilizaron para el objetivo previsto. A pesar de ello, la gran cantidad de barcas que les proporcionaron generó cierta inquietud por la pesca excesiva.

⚠ Historia con moraleja

En respuesta a la crisis en Siria, algunas organizaciones internacionales basaron sus actividades de formación en las preferencias de los beneficiarios en lugar de hacerlo en las necesidades reales del mercado y se proporcionó formación a mujeres en servicios de peluquería y estética, pero tan solo un número insignificante de ellas pudieron obtener ingresos gracias a las habilidades adquiridas.

2 Estrategias de transición

El objetivo de los programas para el periodo inmediatamente posterior a una crisis suele ser prestar asistencia para la rápida recuperación de los hogares y las personas mediante el reemplazo de los activos de producción, con intentos limitados para mejorar la situación a largo plazo y contribuir al desarrollo económico. Incluso en estas fases inmediatamente posteriores a las situaciones de crisis, los programas deben tener en cuenta los posibles efectos a largo plazo de sus iniciativas relativas a los activos y comenzar a señalar los posibles vínculos que tendrán con las intervenciones a más largo plazo, como los servicios financieros y el desarrollo empresarial. Otras organizaciones en la zona podrían ofrecer estos programas (para obtener más información al respecto, véanse la *Normas relativas a los servicios financieros, Normas en materia de desarrollo empresarial y sistemas de mercado* y la *Norma esencial 2*). Las intervenciones deberían centrarse en la ayuda, el fortalecimiento y la reconstrucción de la economía local y los agentes locales (véanse también las *Normas en materia de distribución de activos 1*). En situaciones posteriores a un conflicto o un desastre natural, el restablecimiento de los medios de vida también puede realizarse a través de inversiones para la rehabilitación de algunos activos comunitarios dañados, especialmente mediante tareas que requieren un número importante de mano de obra, tales como la retirada de escombros o los programas de rehabilitación de viviendas. Las estrategias de transición deben basarse en los puntos fuertes de la comunidad local y eliminar paulatinamente los agentes externos, según resulte conveniente.

👍 Ejemplo

Una organización que implementó un programa en el que se pagaba dinero en efectivo a cambio de trabajo para reconstruir infraestructuras ofreció a los trabajadores la opción de retenerles cada semana una pequeña parte de su sueldo que se les devolvería en una fecha especificada. Esta opción permitió a los trabajadores contar con fondos para satisfacer las necesidades inmediatas de sus familias y recibir un pequeño pago único al finalizar el proyecto de infraestructuras para poder invertirlo.

3 Aumento de la capacidad de resistencia

Para abordar de manera integral la protección de activos, los programas deben incluir estrategias destinadas a reducir los riesgos de los desastres. Como mínimo, los programas deben intentar reducir la vulnerabilidad ante futuras crisis, fortaleciendo así los efectos de las intervenciones iniciales posteriores a la situación de crisis. Las familias deben ser capaces de proteger sus activos de las consecuencias de las crisis que se produzcan en un futuro. En función de los medios de vida de las personas seleccionadas, estas intervenciones pueden abarcar desde el fortalecimiento de las relaciones con los servicios financieros (p. ej., con pólizas de seguro o instrumentos de ahorro seguro) hasta la rehabilitación de los canales de riego y la instalación de estructuras para la protección del suelo. Otro factor para la consolidación de la capacidad de resistencia es el reconocimiento de que cada hogar o grupo se enfrenta a situaciones ligeramente distintas y que la distribución de activos generalizada, aunque equitativa, no es siempre la solución correcta. Cuanto mayor sea el reconocimiento en las intervenciones de la singularidad de los problemas relativos a la seguridad, el acceso al mercado, el conocimiento y la energía a los que se enfrentan los distintos grupos (p. ej., las mujeres, los grupos étnicos desfavorecidos y los hogares muy pobres) y más activos productivos se distribuyan para potenciar las oportunidades económicas para esos grupos, más capacidad de resistencia crearemos.

Norma en materia de distribución de activos 5
Los activos incrementan y diversifican los medios de vida

Los programas para la distribución de activos permiten a los hogares tomar el control de su recuperación económica, fortalecen su futuro potencial económico y aprovechan las nuevas oportunidades económicas a través del incremento, la adaptación o el desarrollo de nuevos medios de vida.

Acciones clave

- Utilizar las evaluaciones del mercado para analizar sus condiciones a fin de garantizar la viabilidad de los nuevos medios de vida (véanse también las *Normas en materia de valoración y análisis*).
- Apoyar a las personas para que tomen decisiones fundamentadas con respecto a las posibilidades que ofrecen las actividades de subsistencia y la necesidad de contar con más activos.
- Apoyar las iniciativas gubernamentales y del sector privado para adoptar nuevas tecnologías y nuevos enfoques.
- Evaluar las consecuencias (económicas y medioambientales) que conlleva la adopción de las nuevas prácticas y tecnologías, y transmitir esa información a las comunidades y los líderes.
- Facilitar el acceso a los servicios complementarios o la ayuda que necesitarán los hogares y las empresas para hacer uso de los nuevos activos, como, por ejemplo, las actividades de formación, los servicios financieros y las relaciones con el mercado.
- Conocer cuáles son los principales activos vulnerables a las crisis frecuentes, recurrentes o previstas y diseñar actividades para abordar o mitigar esas vulnerabilidades.
- Incluir evaluaciones sobre la viabilidad y la sostenibilidad de las actividades económicas a medio y largo plazo en los sistemas de seguimiento, y transmitir esa información a los hogares.
- Facilitar el acceso a la información relativa a la normativa y a los mercados que esté relacionada con los medios de vida de las personas, de manera conjunta con las administraciones locales, en la medida de lo posible.
- Visitar periódicamente los hogares o los establecimientos de los negocios seleccionados para determinar cuáles son sus necesidades en ese momento, conectar a las personas con más servicios y justificar el uso que se hace de los activos.

Indicadores clave

- Los hogares y/o las empresas están invirtiendo considerablemente de forma conjunta en nuevos medios de vida.
- Los hogares y/o las empresas han incrementado sus ingresos gracias a las intervenciones de los proyectos.
- Los equipos de los proyectos y los hogares utilizan la información del mercado para tomar decisiones.
- Las nuevas actividades de subsistencia no menoscaban oportunidades económicas futuras.
- Los hogares y las empresas tienen acceso a servicios complementarios apropiados.
- Se aplica un plan para el reemplazo de los activos productivos que se han deteriorado o perdido a causa de las situaciones de crisis previstas (por ejemplo, si el activo fuese una vieja vaca lechera o una que posiblemente no produzca leche durante los periodos de sequía, el plan a largo plazo debería incluir una cuenta de ahorros para la sustitución).
- Si es pertinente, la documentación y los sistemas de los programas incluyen medidas para asegurar la sostenibilidad.

Notas de orientación

1 Complejidad

Los programas para el aumento de los medios de vida son más complejos que los programas para el reemplazo inmediato de activos (véanse también las *Normas en materia de desarrollo de sistemas de mercado y empresas*). Estos programas cuentan con la ventaja de que los hogares ya han superado la fase de respuesta y pueden participar con mayor facilidad en la planificación y ejecución del programa. Los programas de este tipo necesitan habitualmente servicios complementarios y asistencia técnica para conseguir sus objetivos. Es importante prestar atención a las consecuencias del programa a más largo plazo para que su diseño y ejecución resulten satisfactorios, ya que este tipo de programas están sujetos a los continuos cambios de los mercados. Se debe aplicar un enfoque sistémico (véase también la *Norma en materia de desarrollo empresarial y de sistemas de mercado 3*) y los programas deben valorar cuáles son los servicios de asistencia necesarios cuando la intervención termine y cómo proporcionará el sistema de mercado dichos servicios (p. ej., el acceso a ahorros y préstamos, la información sobre proveedores y compradores o el acceso a mano de obra adecuada). El suministro de activos, por sí mismo, resulta normalmente insuficiente para poder garantizar que tengan un impacto real. Por ello, los programas deben plantearse la posibilidad de ofrecer paquetes de servicios, ya sea antes del suministro de los activos (mediante actividades de formación en habilidades y el suministro posterior de un paquete para empezar a utilizar los activos) o después de haberlos suministrado (p. ej., mediante actividades de orientación y asesoramiento o formación en gestión empresarial).

👍 Ejemplo

Un programa quiere ayudar a hogares de zonas rurales a vender sus productos en el nuevo mercado de un pueblo que está creciendo rápidamente. Un análisis del mercado demuestra que la frecuencia del servicio de transportes es insuficiente para que los hogares puedan llevar sus productos al mercado. Además de ayudar a los campesinos a obtener más activos para aumentar su producción, el programa facilita las conversaciones entre la asociación del minibús y los grupos del pueblo para que los horarios del servicio de transporte se ajusten a los del mercado.

2 Inversión conjunta

La inversión conjunta aumenta las probabilidades de que los activos productivos se utilicen de forma adecuada. Esto resulta especialmente importante cuando se desea incrementar, adaptar o desarrollar nuevos medios de vida, ya que los hogares o las empresas deberán cambiar sus comportamientos si se dedican a nuevas actividades económicas. Será necesario revisar las directrices orientativas dispuestas en las *Normas en materia de distribución de activos 2* en el momento de determinar el nivel de aportación a la inversión conjunta que habrá que solicitar a los destinatarios de los activos. En este sentido, debe tenerse en cuenta el riesgo que asumen los hogares y las empresas y pedirles que contribuyan a la inversión de forma que su compromiso quede garantizado, pero sin perjudicar su capacidad para recuperarse de cualquier situación de crisis a la que se hayan enfrentado recientemente.

3 Nuevas tecnologías

La introducción de tecnología a la hora de proporcionar activos puede ayudar a las personas a adaptarse a los entornos variables y las oportunidades. Sin embargo, si la evaluación de la adecuación a la situación del momento resulta insuficiente o no se lleva a cabo una prestación de asistencia adicional que tenga en cuenta las necesidades de las personas, es posible que las consecuencias en los medios de vida, los mercados y el entorno no sean las deseadas. La capacidad de los hogares para utilizar o mantener los nuevos activos es un factor importante. Es fundamental valorar el potencial para generar ingresos que tienen los nuevos activos a corto y largo plazo. Pueden resultar necesarias la formación en nuevas aptitudes técnicas o en el mantenimiento de, así como la investigación sobre los vínculos con los mercados para el reemplazo de componentes y aportaciones continuas.

> **⚠ Historia con moraleja**
>
> Seis meses después de un huracán, un programa concede a todas las microempresas de la zona un vale de 5000 dólares para comprar equipo o existencias para sus tiendas. Las microempresas pueden utilizar el vale como quieran y no se les exige hacer ninguna planificación o invertir fondos propios. Muchos empresarios ven en la iniciativa una oportunidad para probar nuevos productos y nuevos tipos de equipos. No obstante, no todos los empresarios saben cómo gestionar sus nuevas actividades empresariales. Doce meses después de la entrega de los cheques, el 50 % de las empresas se habían quedado sin existencias y/o habían abandonado sus nuevos equipos.

Normas en materia de servicios financieros

Norma 1
Se entiende la demanda de servicios financieros

Norma 2
Apoyar la prestación local de servicios financieros

Norma 3
Trabajar con los proveedores de servicios financieros existentes formales para las transferencias de efectivo

Norma 4
Conocer las reglamentaciones y normas locales y las funciones de prestación de asistencia

Norma 5
Cumplir las normativas en materia de protección del consumidor

5 Normas en materia de servicios financieros

La inclusión financiera implica que las personas y las empresas tengan la capacidad de utilizar una serie de servicios financieros proporcionados de forma responsable y sostenible por las instituciones financieras formales, así como la oportunidad de acceder a ellos. Los servicios financieros engloban una amplia gama de productos e instrumentos para sufragar e incrementar activos, a través de un proceso continuo, que incluye desde transferencias de efectivo, con y sin condiciones, hasta productos financieros formales. Entre estos productos encontramos, por ejemplo, préstamos (créditos), instrumentos de ahorro, seguros, arrendamientos con opción a compra, transferencias de dinero (como giros y pagos entre personas) y, más recientemente, dinero móvil y carteras virtuales o electrónicas. Al mismo tiempo, otros métodos informales, como los grupos de ahorro, continúan desempeñando un papel fundamental en la ayuda a las poblaciones vulnerables para cubrir sus necesidades financieras diarias.

El acceso a diferentes servicios financieros resulta fundamental para las iniciativas de recuperación económica, especialmente en asentamientos improvisados cuya población se caracteriza por la pobreza, la inseguridad y la falta de cohesión social. En el caso de las economías de mercado, el acceso a créditos es esencial para comprar alimentos, reconstruir viviendas, pagar tratamientos médicos y reconstruir negocios después de una situación de crisis. Además, el uso de servicios financieros puede servir a las personas, a los hogares y a las empresas para aprovechar nuevas oportunidades económicas, generar ingresos y crear activos que incrementarán la capacidad de resistencia de las personas y la comunidad ante las crisis, permitiéndoles restablecerse y recuperarse de forma más rápida. Si no se prestan de manera responsable, los servicios financieros pueden crear nuevos riesgos por el endeudamiento excesivo. Por lo tanto, la economía responsable debe ser un elemento fundamental de las iniciativas para la recuperación económica, a fin de evitar prácticas abusivas por parte de los clientes y garantizar que la recuperación de los mercados sea justa y transparente, y responda a las necesidades de los clientes.

Los servicios financieros se proporcionan a través de una amplia gama de proveedores: desde instituciones financieras formales (como bancos comerciales, compañías de seguros, instituciones financieras no bancarias e instituciones de microfinanciamiento) hasta organizaciones sin ánimo de lucro u operadores de telefonía móvil. Además, existen servicios financieros informales como los ahorros gestionados por la comunidad o por grupos y grupos de crédito, las asociaciones de ahorro y crédito rotativas, el sistema *hawala* o incluso los comercios minoristas que proporcionan bienes y crédito. Después de una crisis, es habitual que los proveedores de servicios informales, principalmente comerciantes y prestamistas, sean los primeros en iniciar o reiniciar la prestación de servicios financieros, ya que suelen tener presencia en asentamientos improvisados y exigen condiciones menos restrictivas para la concesión de los préstamos que las instituciones de microfinanciamiento (IMF) o los bancos comerciales.

El conocimiento de los agentes y las dinámicas del mercado es fundamental para apoyar los sistemas de los mercados financieros, a fin de atender las diversas y cambiantes necesidades económicas y sociales de las personas y los hogares después de los periodos de crisis. Para ello, es necesario conocer las necesidades a corto plazo para la recuperación y tener una perspectiva a más largo plazo que permita a los sistemas del mercado financiero ayudar a los consumidores pobres a restaurar su capacidad de resistencia ante futuras crisis. Teniendo en cuenta que los entornos en las situaciones de crisis varían constantemente, resulta necesario crear un proceso para la recopilación continua de datos para mantener informados en todo momento a los encargados de la ejecución de los programas y permitirles adaptar su programación para hacer frente al entorno cambiante. El seguimiento adecuado sirve a los encargados de la implementación de programas para conocer los factores que motivan los cambios en los mercados, encontrar los aspectos que se pueden aprovechar para catalizar el cambio y señalar las oportunidades que se presenten en aras de crear o modificar los incentivos que son necesarios para influir positivamente en el comportamiento de los agentes del mercado.

En los entornos de crisis, no existen herramientas previamente preparadas para el análisis del sector financiero. Sin embargo, existen muchas herramientas que pueden adaptarse a cada situación, siempre y cuando participen en el proceso de diagnóstico expertos en servicios financieros (véase el Anexo que incluye una lista con las herramientas de evaluación disponibles).

Cuando se elaboran intervenciones relativas a servicios financieros, es importante asegurarse de que no se sustituyen instituciones o productos locales o causen distorsiones perjudiciales en el mercado local de servicios, de cualquier otro modo. También es importante averiguar cuáles son los proveedores de servicios financieros (PSF) locales que pueden ofrecer los productos y los servicios adecuados para los periodos de crisis, utilizando los sistemas de pago más inclusivos y eficaces que estén disponibles. Estos proveedores deben aplicar prácticas de financiamiento responsables y demostrar que sus productos y métodos para la prestación de sus servicios cumplen las normativas locales en materia política, jurídica y social. Las intervenciones que se realizan de forma conjunta con los PSF locales y tienen en consideración las elecciones y las necesidades de los clientes pueden tener efectos positivos que trasciendan la propia intervención. La garantía de contar con buena información de los mercados y las actividades de capacitación y formación adecuadas para personas y proveedores sentarán las bases para conseguir mercados activos y duraderos.

Norma en materia de servicios financieros 1
Se entiende la demanda de servicios financieros

Se conoce la magnitud y la naturaleza de la demanda de servicios financieros, incluidas las necesidades individuales, sus preferencias, comportamientos y limitaciones.

En lo que respecta a estas normas, el término «demanda» engloba los siguientes aspectos: 1) las personas, los hogares y las empresas que conocen los productos de los servicios financieros y los solicitan (demanda reconocida) y 2) las personas, los hogares y las empresas que no conocen estos productos pero tienen necesidades que los productos financieros pueden satisfacer y probablemente los utilizarían si los tuvieran a su disposición y sus características fueran apropiadas (demanda no reconocida).

Acciones clave

- Cuantificar la demanda (tanto la reconocida como la no reconocida) de los diferentes tipos de servicios financieros entre los hogares y las empresas a las que se dirigen las intervenciones.
- Valorar la repercusión de la crisis en el bienestar de los clientes o las empresas y determinar las necesidades existentes, las preferencias, los comportamientos y el uso de servicios financieros.
- Señalar los inconvenientes en lo que respecta al uso y al acceso a servicios financieros formales (p. ej., las infraestructuras; las costumbres/restricciones culturales; las normativa, incluidas las normas relativas al conocimiento de los clientes y los requisitos relativos a la documentación de identidad).
- Conocer las necesidades complementarias en lo referente a servicios financieros formales e informales

Indicadores clave

- Se valoran los datos sobre la demanda de servicios financieros para determinar cuáles son las necesidades reales.
- Se señalan y se evalúan periódicamente los distintos grupos de clientes para garantizar que se proporcionan los servicios financieros adecuados en función de las capacidades financieras de los clientes.
- El análisis de la demanda tiene en cuenta las necesidades (p. ej., las relativas a la vivienda, la sanidad, las iniciativas empresariales y los hogares) y los plazos (p. ej., las necesidades referentes a la vida útil, los periodos de crisis, las fases de reconstrucción y los periodos de inversión) de los diferentes tipos de consumidores.
- El precio y el diseño de los productos son adecuados para las poblaciones a las que se dirigen.
- La población a la que se dirigen los servicios financieros puede entender fácilmente las condiciones de dichos servicios y estas no excluyen a las personas exigiendo requisitos excesivos en lo que respecta a la documentación, los avales, las garantías u otros requisitos relativos a los préstamos, como la obligación de tener planes de ahorro.

Notas de orientación

1 Comprensión de la magnitud y la naturaleza de la demanda

Los consumidores utilizan los servicios financieros para gestionar sus actividades cotidianas e invertir en oportunidades económicas. Aunque es posible que la prestación de servicios financieros se interrumpa en situaciones de crisis, las necesidades económicas de las personas siguen estando presentes. En esas situaciones, si las personas no tienen a su disposición otras opciones de financiamiento, se ven obligadas a cambiar los servicios formales por los informales o a recurrir a mecanismos negativos, como consumir menos alimentos o vender sus activos productivos. Los hogares y las empresas afectadas por las crisis necesitan una serie de servicios financieros, incluidos los mcanismos de ahorro, crédito, pago y seguros. Estas necesidades evolucionan con el paso del tiempo. Por ejemplo, en el periodo inmediatamente posterior a una crisis, es probable que los consumidores necesiten tener acceso inmediato a sus ahorros o a servicios de envío de dinero para recibir ayuda de los familiares y amigos que viven en zonas que no se han visto afectadas. El acceso a las remesas es una necesidad esencial tras una crisis o en el marco de un conflicto prolongado. En general, las organizaciones deben dar prioridad a las remesas y transferencias de efectivo en los periodos inmediatamente posteriores a una situación de crisis. Después, deberán colaborar con los PSF para incrementar el nivel de acceso a los ahorros y seguros. Durante la fase de reconstrucción o recuperación, los PSF pueden restablecer (o ampliar) los productos de crédito en función de la demanda de los clientes de acceso a financiamiento. Los préstamos para situaciones de emergencia pueden ayudar a las empresas a dar respuesta a sus necesidades inmediatas, aunque será necesario disponer de crédito cuando la crisis haya remitido para reconstruir los negocios, los hogares y apoyar el desarrollo empresarial.

Las pruebas macroeconómicas y microeconómicas demuestran el importante papel que desempeñan los envíos de dinero a la hora de preparar a los hogares para los desastres naturales y hacer frente a las pérdidas posteriores a los mismos. El análisis de los datos comparativos entre diferentes países señala que los envíos de dinero aumentan en los periodos posteriores a los desastres naturales en los países que tienen un mayor número de emigrantes. Los análisis de los datos de las encuestas realizadas en hogares de Bangladés mostraron que el consumo per cápita en el periodo posterior a las inundaciones de 1998 fue mayor en los hogares que recibieron envíos de dinero que en los que no lo hicieron. Al parecer, los hogares etíopes que reciben envíos de dinero internacionales recurren más a las reservas de efectivo y menos a la venta de activos o de ganado para hacer frente los periodos de sequía. En Burkina Faso y Ghana, los hogares que reciben envíos de dinero internacionales, especialmente aquellos que los reciben desde países desarrollados con rentas altas, suelen tener casas de concreto, no de barro, y un mayor acceso a equipos de comunicación, lo que parece indicar que están mejor preparados para hacer frente a los desastres naturales.

(Extracto del documento *Remittances and natural disasters: ex-post response and contribution to ex-ante preparedness*, del Fondo Mundial para la Reducción y Recuperación de Desastres [GFDRR, por sus siglas en inglés]).

2 Evaluación periódica de la demanda

Los entornos en situaciones de crisis son muy dinámicos, especialmente cuando las crisis son duraderas. En estas situaciones, es necesario que los PSF conozcan los distintos segmentos del mercado (p. ej., los jóvenes, las mujeres, los agricultores y las personas en situación de pobreza extrema) y den respuesta a sus necesidades personales, proporcionando productos y servicios que cumplan las condiciones medioambientales y de los mercados en rápida evolución. Los proveedores de servicios financieros deben recopilar periódicamente opiniones personales y analizar los cambios del mercado. Para ello, tendrán que integrar los mecanismos para recabar información en sus actividades. Además, los PSF deberán realizar evaluaciones continuas del mercado.

👍 Ejemplo

Las IMF que trabajan en las zonas de Sri Lanka afectadas por el tsunami registraron unos saldos totales de ahorros superiores en marzo de 2005 que en marzo de 2004. Una evaluación realizada en el distrito de Batticaloa indicaba que aproximadamente el 35 % de las subvenciones en efectivo y las retribuciones de los programas de pagos en efectivo por trabajos realizados se depositaron en IMF.

③ Adaptación del diseño de los productos y el suministro

En situaciones de crisis, es posible que resulte necesario aplicar soluciones creativas para adaptar el diseño de los productos y los mecanismos de suministro al contexto generalizado de inestabilidad y a las perturbaciones económicas continuas. Después de un desastre, en muchos casos, las personas no pueden hacer frente al pago de los créditos con los planes de amortización fijados antes de la situación de desastre. La medida más habitual de las instituciones financieras es reestructurar o renegociar los préstamos. La reestructuración de la deuda debe llevarse a cabo inmediatamente después de los desastres y limitarse a las zonas más afectadas. Las instituciones financieras deben reunirse con las personas a fin de evaluar su capacidad para pagar los créditos después de un desastre. Las decisiones de renegociar o reestructurar los pagos de las cuotas de los préstamos deben basarse en una evaluación pormenorizada de la pérdida de ingresos temporal de las personas. El refinanciamiento de la deuda, que habitualmente implica el reemplazo de un préstamo anterior por otro mayor, puede ser la mejor opción en los casos de las personas que han perdido sus activos productivos en un desastre y necesitan un crédito mayor para reemplazarlos. Una evaluación detallada de las pérdidas personales vuelve a ser fundamental para decidir si refinanciar la deuda y, si se hace, la cantidad y las condiciones del préstamo. La cancelación de los préstamos debe ser el último recurso, ya que podría reducir el capital de las instituciones financieras y empeorar la cultura del reembolso de créditos. Después de un desastre, las instituciones financieras pueden plantearse cambiar sus políticas habituales para ampliar los plazos antes de la cancelación de los préstamos, de conformidad con lo dispuesto en las normativas locales. Las instituciones financieras deben estar preparadas para cancelar los préstamos que no puedan cobrar a causa de la muerte, la incapacidad permanente o la desaparición de las personas.

Ejemplo

En Siria, la entidad de microfinanciamiento Aga Khan Agency for Microfinance ofreció a las personas un lugar seguro para guardar sus ahorros, servicios de transferencias entre sucursales y servicios de retirada de efectivo durante los periodos de desplazamientos internos. También ofrecieron a las personas la posibilidad de utilizar sus ahorros como garantías para la concesión de un crédito, en un porcentaje variable en función de sus circunstancias. Además, se les ofreció la opción de retirar dinero de sus depósitos a plazo fijo en cualquier momento sin penalización. La entidad de microfinanciamiento First Micro-Finance Syria (FMFI-S) amplió la concesión de préstamos para la reconstrucción de las empresas a los clientes que habían sufrido pérdidas parciales o significativas de los activos de sus negocios durante la crisis, probando que con esa medida podían seguir generando ingresos. Además, los PSF determinaron cuáles eran los clientes que cumplían los requisitos para renegociar sus préstamos, evaluando los daños de los activos y las previsiones de liquidez. A fin de evitar contaminar la cartera de activos, las renegociaciones de los préstamos se realizaron con carácter inmediato y analizando cada caso. La concesión generalizada de un periodo de gracia de seis meses permitió a las personas utilizar los fondos de los préstamos en sus actividades de producción para recuperar su capacidad de pago. La FMFI-S permitió la condonación de las deudas en los casos de los clientes que no podían devolver los préstamos por defunción o a causa de la pérdida irrecuperable de sus medios de vida. La condonación de las deudas se llevó a cabo estudiando cada caso y de manera confidencial, a fin de evitar daños morales y otros problemas.

Norma en materia de servicios financieros 2
Apoyar la prestación local de servicios financieros

Siempre que sea posible, se colaborará con agentes del mercado local que tengan la capacidad, el alcance y la resistencia para continuar prestando servicios financieros en periodos de crisis.

Acciones clave

- Identificar a los agentes (formales e informales) del mercado local fiables, el alcance geográfico de sus actividades y su grado de funcionalidad.
- Evaluar los sistemas internos de los agentes del mercado para la gestión de riesgos, la administración del efectivo, las notificaciones, los planes de emergencia y la gestión de liquidez.
- Evitar la duplicación de mecanismos para la prestación de servicios si la intervención que se pretende llevar a cabo la puede realizar una institución o un agente del mercado que ya operaba en la zona antes de la situación de crisis.
- Evaluar y adaptar las redes de distribución y los mecanismos de prestación de servicios a fin de mejorar la accesibilidad, la seguridad y la eficacia de dichos servicios.
- Fomentar los vínculos, en la medida de lo posible, entre las iniciativas de asistencia y el acceso a largo plazo a servicios financieros para apoyar los medios de vida sostenibles.

Indicadores clave

- Las redes de distribución con un alcance geográfico amplio y los canales apropiados para la prestación de los servicios permiten a los proveedores ofrecer servicios financieros de manera eficaz a las personas (los canales para la prestación de servicios financieros pueden incluir, entre otros aspectos, dinero móvil, agentes y tarjetas de débito).
- Los proveedores de servicios financieros han entablado relaciones con las comunidades afectadas.

- Se aplican planes para la gestión de desastres y planes de emergencia para garantizar la capacidad de resistencia institucional en periodos de crisis.
- Se implementan políticas y procedimientos de gestión de riesgos operativos y financieros para minimizar los riesgos de las instituciones en periodos de crisis, incluidas las políticas para la renegociación de créditos.
- Se aplican políticas y procedimientos para mantener separados los principales servicios financieros de las actividades relativas a asistencia y rehabilitación, que se realizan en colaboración con organizaciones humanitarias.

Notas de orientación

① Posibles asociaciones

Los proveedores (p. ej., las instituciones financieras no bancarias, los bancos especializados en microfinanciamiento, las IMF, los operadores de redes de telefonía móvil o los grupos de autoayuda) que presentan sus servicios financieros a poblaciones pobres o con escasos ingresos desempeñan un papel importante a la hora de hacer frente a un desastre mediante la reactivación de la economía local y el apoyo a los medios de vida. Gracias a las características de sus integrantes y miembros, estos proveedores ya prestan servicio en las zonas más remotas del país (que son más vulnerables a las crisis y los desastres) a través de sus sucursales o redes de distribución minoristas. Los proveedores de servicios financieros forjaron previamente relaciones basadas en la confianza con los hogares y la comunidad y estas pueden aprovecharse durante los periodos de crisis. Además, los PSF conocen bien las necesidades, las prioridades y las limitaciones de los clientes. Siempre que sea posible, se deben dedicar esfuerzos a evaluar periódicamente (al menos una vez al año) la capacidad y la reputación de los PSF con los que existen posibilidades de asociarse, a fin de garantizar anticipadamente que se aplican los acuerdos para reducir al mínimo los plazos de respuesta durante los periodos de crisis. El portal Mix Market es una buena fuente de información sobre las IMF que trabajan en las zonas afectadas. Cualquier análisis de los proveedores de servicios financieros debería examinar los servicios que ofrecen antes, durante y después de las crisis. De esta forma, se averiguará la capacidad de respuesta y resistencia de los proveedores ante futuras crisis. Este análisis debería servir también para descubrir los incentivos subyacentes que motivan el comportamiento de los PSF y las dinámicas entre ellos. Para conocer a los proveedores informales, es necesario recopilar información de los demandantes que sirva para señalar los servicios que utilizan los consumidores y otro análisis para averiguar los productos, los precios y otros datos obtenidos directamente de estos proveedores.

❷ Preparación institucional

Los PSF que trabajan en zonas habitualmente afectadas por crisis tienen que estar preparados para situaciones de conflicto o desastre frecuentes. Se deben documentar las políticas y los procedimientos de preparación y respuesta para situaciones de crisis, realizando revisiones anuales supervisadas por el personal y la directiva. Deben ponerse en marcha programas de formación para el personal que trabaja en situaciones de crisis, incluidos sistemas para garantizar la seguridad y la conservación del personal. Asimismo, el sistema informático de administración de la organización debe diseñarse para resistir a los desastres, integrando un proceso claro de copias de seguridad en las instalaciones y remotas, así como otros procesos documentados referentes al funcionamiento del sistema en casos de crisis. Esta política debe garantizar la protección de la información de los clientes y el acceso a los datos por parte de las instituciones. Además, es posible que la capacidad de una institución para gestionar su liquidez (es decir, para cumplir puntualmente sus obligaciones de pago) se vea afectada durante un periodo de crisis. Es probable que las personas ahorren menos, que la población en su conjunto deje de ahorrar, que dejen de pagar las cuotas de sus créditos o que soliciten préstamos adicionales para hacer frente a situaciones de emergencia. Todas estas circunstancias repercuten considerablemente en la cantidad de efectivo que entra y sale de un PSF y, en el caso de las organizaciones que no estén preparadas, es posible que generen problemas de liquidez. Los proveedores de servicios financieros que trabajan en entornos afectados por crisis tienen que ser conscientes de esta volatilidad y adelantarse a ella para poder ofrecer soluciones, incluido el dinero móvil, que sirve de ayuda a las personas que pasan por estas situaciones sin comprometer la viabilidad a largo plazo de la institución.

❸ Canales para la prestación de servicios

Los proveedores deben evaluar y seleccionar los canales más apropiados para la prestación los servicios. En la medida de lo posible, deben aprovechar la tecnología para ahorrar tiempo y dinero, al tiempo que mejoran la privacidad y la seguridad. Las entidades asociadas para el desarrollo pueden colaborar analizando la capacidad de las infraestructuras existentes, incluidas las redes de agentes, los instrumentos de dinero móvil, los pagos a comerciantes y las tarjetas de débito. Hay que tener en cuenta que a las poblaciones en situación de pobreza y vulnerabilidad les suele resultar complicado utilizar los nuevos sistemas de pago electrónicos por la falta de conocimientos digitales, sus escasos ingresos y sus condiciones de residencia. Por lo tanto, deben realizarse todos los esfuerzos necesarios para procurar que los servicios de pago sean accesibles, transparentes y no resulten caros para estas personas, a fin de garantizar que comprendan y utilicen los productos.

④ Seguridad del personal y los clientes

Es importante garantizar la seguridad del personal y los clientes en cualquier actividad de recuperación, pero es particularmente esencial en las intervenciones relativas a los servicios financieros debido al gran volumen de efectivo que se gestiona y al elevado nivel de confidencialidad de la información. Las organizaciones deben analizar las posibles opciones para utilizar el dinero móvil u otros medios para realizar transferencias electrónicas, ya sea a través de operadores de telefonía móvil o servicios bancarios formales, en caso de que estén disponibles. En algunos casos, es posible que no resulte fácil acceder a estos servicios o que no funcionen en el periodo inmediatamente posterior a una crisis. Las organizaciones deben prever periodos de alto riesgo frecuentes y aplicar políticas para minimizar los posibles peligros que puedan correr las personas y los equipos en lo que respecta a la gestión del dinero en efectivo y la protección de la información de los clientes (para obtener más información al respecto, véase la *Norma esencial 6 del Manual Esfera: Desempeño de los trabajadores humanitarios*)

⑤ Evaluación continua de las necesidades de los clientes

Los clientes de las instituciones de servicios financieros pueden verse afectados por una crisis de modos diferentes. La capacidad de algunas personas para pagar las cuotas de los préstamos puede verse deteriorada de forma temporal o permanente. En estos casos, es posible que tengan que renegociar el préstamo o acceder a sus ahorros. Los proveedores de servicios financieros que trabajan en entornos afectados por crisis tienen que comprender y prever esta situación de volatilidad para ofrecer soluciones a las personas en estas circunstancias sin comprometer la viabilidad a largo plazo de las instituciones. Las organizaciones deben realizar evaluaciones continuas de las necesidades de los clientes a través de agentes especializados en recuperación que tengan formación en la gestión de préstamos no reembolsados. Los fondos destinados a préstamos para desastres, las políticas estandarizadas para la reestructuración de préstamos y los seguros de vida para garantizar el pago de los créditos en caso de impago también pueden resultar de ayuda para proteger los activos que conservan las personas y aumentar su capacidad de resiliencia frente a los desastres.

👍 Ejemplo

Las organizaciones que buscan ayudar a las personas a negociar en periodos de crisis pueden optar por poner a disposición de los clientes sus ahorros lo antes posible sin penalizaciones, proporcionarles más capital, renegociar las fechas de vencimiento de los pagos de las cuotas, reducir el importe de las penalizaciones por el retraso en los pagos durante un periodo determinado o renegociar los préstamos para que no tengan intereses. Aunque la cancelación de un préstamo determinado sea una opción para la institución financiera, es fundamental conservar las expectativas de reembolso, para que la entidad pueda seguir prestando dinero y los clientes tengan acceso a más préstamos en el futuro

⑥ Acceso a servicios de larga duración

La prestación de servicios financieros es compleja y requiere compromiso para proporcionar dichos servicios a largo plazo. Los proveedores de servicios deben contar con la capacidad técnica, institucional y financiera adecuada. Estas entidades deben comprometerse a trabajar conforme a las buenas prácticas de los servicios financieros. Para conseguir una prestación de servicios financieros satisfactoria, se necesitan, entre otros compromisos, la supervisión, conocimientos técnicos contables, auditorías, buena gobernanza y planificación estratégica. Una de las características principales de los buenos servicios financieros es la fiabilidad de la prestación de los mismos a largo plazo. Es importante que cualquier PSF con el que se coopere tenga presencia permanente en la comunidad y haya demostrado un compromiso a largo plazo (p. ej., mediante la inversión de fondos, tiempo y conocimientos especializados) para seguir proporcionando sus servicios después de las iniciativas iniciales de respuesta y las tareas de recuperación. Si no existe este compromiso, es mejor colaborar con otros socios, como las entidades de servicios financieros con sede en la comunidad que son propiedad de miembros de la comunidad y están gestionadas por ellos mismos, basando su actividad en la gestión de sus propios ahorros (p. ej., las asociaciones de ahorro y crédito rotativo —ROSCA, por sus siglas en inglés— o los grupos de ahorro), las redes de voluntarios que llevan tiempo trabajando con la comunidad o centrar los esfuerzos en servicios que no sean de carácter financiero.

Norma en materia de servicios financieros 3
Trabajar con los proveedores de servicios financieros existentes formales para las transferencias de efectivo

Los agentes humanitarios realizan transferencias de efectivo a través de mecanismos de pago formales y sistemas de protección social para incrementar la eficacia y la seguridad.

Aunque los proveedores de servicios financieros puedan realizar muchas funciones distintas en una situación de emergencia (como se ha indicado en la *Norma en materia de servicios financieros 2*), esta norma trata específicamente sobre el uso de los PSF formales para las transferencias de efectivo.

Acciones clave

- Identificar a los agentes del mercado local fiables, el alcance geográfico de sus actividades, su capacidad financiera, la integración de sus sistemas de pago y su grado de funcionalidad.
- Determinar si la red de seguridad o los sistemas de protección social existentes pueden utilizarse para incrementar los servicios de transferencias a situaciones de emergencia.
- Evaluar las prácticas financieras y las conductas de pago de los receptores, incluyendo la disponibilidad y el uso de los sistemas de pago.
- Evitar la duplicación de mecanismos para la prestación de servicios, si la intervención que se pretende llevar a cabo la puede realizar una institución o un agente del mercado que ya operaba en la zona antes de la situación de crisis. En la medida de lo posible, colaborar con los proveedores de los servicios de pago existentes para minimizar los costos e incrementar la seguridad en la prestación del servicio.
- Fomentar los vínculos, en la medida de lo posible, entre las iniciativas de asistencia y el acceso a largo plazo a servicios financieros, para apoyar los medios de vida sostenibles.

Indicadores clave

- Las instituciones financieras capacitadas ofrecen sus servicios en la zona de la intervención.
- Los sistemas de pago son lo suficientemente sólidos y resistentes como para estar a disposición de las poblaciones a las que van dirigidos rápidamente después de una situación de crisis.
- Los sistemas de pago son eficaces y transparentes (es decir, los comerciantes pueden aceptar pagos por medios digitales, una red de agentes puede gestionar su liquidez y la conectividad a la red es lo suficientemente fiable para los dispositivos de los puntos de venta y los teléfonos móviles).
- El proceso de selección de objetivos para las intervenciones de respuesta a situaciones de emergencia integra el número de personas que requieren servicios de protección social. Además, la coordinación suficiente entre las agencias posibilita el uso de los servicios de transferencias de protección social para fines de respuesta humanitaria.
- Las transferencias de efectivo se vinculan, siempre que sea posible, con el acceso a más largo plazo a servicios financieros (p. ej., a las aplicaciones de carteras móviles, a las cuentas bancarias universales y a los productos de ahorro rentables y que aportan valor a las personas).

Notas de orientación

1 **Introducción a las transferencias de efectivo**

Aunque los bienes en especie (como lo alimentos, la ropa y las mantas) siguen suponiendo la mayor parte de la asistencia humanitaria, un número creciente de organizaciones han comenzado a prestar asistencia a través de transferencias de efectivo y vales. La realización de transferencias a través de medios digitales ofrece muchas ventajas a los agentes humanitarios, incluida la reducción de los costos (incluidas las pérdidas y los extravíos) y de las preocupaciones relativas a la seguridad que conlleva el transporte de fondos. Las transferencias digitales benefician a los receptores, aportándoles comodidad, posibilidades de elección (la transferencia es inmediata y los receptores puede elegir cuándo y dónde gastar el dinero), seguridad (el receptor no tiene que esconder el dinero), privacidad y dignidad (a otros miembros de la comunidad les resulta más difícil saber quién está recibiendo ayuda y quién no). Aunque las transferencias por medios digitales pueden ofrecer importantes ventajas en comparación con el dinero físico, las evaluaciones de los programas deben tener en cuenta los conocimientos y la capacidad de las personas y los hogares para usar los sistemas digitales mediante los cuales se realizan las transferencias (p. ej., los sistemas operativos de los dispositivos móviles y las tarjetas con los números de identificación personales [PIN]). Además, las transferencias digitales requieren una infraestructura que no es necesaria para la entrega de dinero físico, como, por ejemplo, comerciantes que acepten los pagos digitales, una red de agentes que puedan gestionar su liquidez y una conexión a Internet fiable para que los dispositivos de los puntos de venta y los teléfonos móviles puedan acceder a la red. Puede encontrarse una amplia variedad de herramientas para programación sobre transferencias de efectivo en la página web de The Cash Learning Partnership.

2 **Apoyo en los planes de protección social existentes**

Los sistemas de protección social ofrecen ayuda a las personas que sufren pobreza crónica y vulnerabilidad. Esta ayuda se presta de manera habitual y predecible, por lo que sirve para proteger a estas personas frente a situaciones de crisis y fomentar el incremento de los activos. Estas personas son aún más vulnerables cuando les afecta una situación de crisis. Asimismo, se está generalizando la consideración de que se pueden utilizar los sistemas de protección social como mecanismos para aumentar los niveles de transferencias de efectivo durante los periodos de crisis. Aunque existen ejemplos de asociaciones para cooperación entre organizaciones y gobiernos, es necesario aplicar ciertos criterios para que este tipo de colaboración se incremente de manera satisfactoria: 1) el número de casos atendidos por los sistemas de la red de seguridad social y las intervenciones de respuesta en situaciones de emergencia debe ser el mismo, ya que la experiencia nos ha demostrado que es más fácil aumentar la asistencia en sentido vertical (p. ej., incrementado el nivel de los beneficios) que en sentido horizontal (p. ej., incrementando el número de beneficiarios de las ayudas); 2) es necesario que el nivel de colaboración entre las agencias humanitarias y las agencias gubernamentales para el desarrollo sea alto, para lo cual es necesario estrechar los vínculos con varios departamentos gubernamentales; y 3) la selección de los grupos y las personas que recibirán asistencia debe ser objetiva y basarse en las necesidades, sin estar influenciada por las motivaciones políticas que subyacen en los programas de la red de seguridad social. El diseño de prestaciones, como, por ejemplo, los registros previos y las transferencias electrónicas, puede resultar también útil para las intervenciones de respuesta en situaciones de emergencia.

③ Vinculación de las transferencias de efectivo con el acceso a los servicios financieros

Las organizaciones pueden utilizar las transferencias de efectivo digitales para crear vínculos entre los receptores y los servicios financieros formales, incluidos los instrumentos de ahorro, los servicios de pago, los envíos de dinero, los préstamos y los seguros. La forma en que se produce esta vinculación (y los servicios con los que se generan los vínculos) dependerá de los objetivos de los programas y del contexto local. En países con plataformas de dinero móvil muy desarrolladas y un amplio acceso a Internet, los programas de transferencias de efectivo deben aprovechar el sistema existente o colaborar con los operadores de telefonía móvil para realizar las transferencias directamente a las carteras móviles de los receptores. En las intervenciones con transferencias de efectivo, se deben tener en cuenta las normas relativas al conocimiento de los clientes y determinar si es posible abrir cuentas para todos los receptores de las transferencias, incluidas las mujeres, que en muchos casos no cuentan con los documentos de identificación necesarios. Una cuenta en una institución financiera formal permitirá a los receptores recibir envíos de dinero del extranjero con más facilidad y menos costos, y en muchos casos supone un recurso esencial para los hogares en contextos posteriores a una situación de crisis. Para conectar a los receptores de las transferencias con los servicios financieros, será necesario evaluar su experiencia con productos financieros, sus hábitos, sus preferencias, sus conocimientos y su formación, a fin de asegurarse de que el sistema de pagos no solo les resulta valioso, accesible y seguro, sino que además les sirve como medio para conseguir una mayor capacidad de resiliencia.

Ejemplo

El Programa de la Red de Protección contra el Hambre de Kenia es una iniciativa que consiste en el envío de efectivo mediante transferencias sin condiciones con el objeto de reducir la pobreza y la inseguridad alimentaria, y fomentar el acopio y la retención de activos en hogares en situación de pobreza en el norte de Kenia. En su fase piloto, se utilizó un proveedor de servicios de pago del sector privado (Equity Bank) y tarjetas inteligentes con tecnología biométrica para realizar transferencias electrónicas de efectivo de forma periódica a 496 800 personas. Esta iniciativa fue implementada por el Ministerio del Norte de Kenia en colaboración con ONG y entidades del sector privado. Posteriormente, el programa incluyó a otras 100 000 personas y puso a disposición de 272 000 personas más una cuenta bancaria plenamente operativa y una tarjeta bancaria que podría servir como mecanismo de seguridad modulable en periodos de crisis. El proyecto demostró el éxito de estas tecnologías alternativas para realizar los pagos correspondientes a la red de seguridad social con el objetivo de superar determinadas dificultades económicas y geográficas, como, por ejemplo, la distancia, la escasa profundidad de los mercados y los altos niveles de movilidad. Además, se determinó que el proyecto podría ampliarse en periodos de crisis para realizar pagos destinados a la recuperación a subcondados gravemente afectados por la sequía. Menos de dos semanas después del acontecimiento que desencadenó la situación de crisis, se habían transferido casi 2 millones de dólares a cuentas bancarias de otras 90 000 personas afectadas.

Historia con moraleja

Las experiencias anteriores han demostrado que la creación de un vínculo entre las transferencias de efectivo y los servicios financieros no siempre resulta satisfactoria. Los receptores suelen retirar todo el dinero y nunca vuelven a utilizar el producto (ya sea una tarjeta de prepago, una cuenta o una cartera móvil), posiblemente porque no dan valor al servicio o, en algunos casos, porque les preocupa que las organizaciones de ayuda humanitaria no vuelvan a tenerles en cuenta si ven que todavía les queda dinero. No obstante, en algunos casos, los beneficiarios comprendieron con claridad en qué consistía la iniciativa y optaron por guardar una parte del dinero de la transferencia en sus carteras electrónicas o sus cuentas. A fin de garantizar que la iniciativa resulte adecuada y valiosa para los usuarios, el diseño del programa y del producto ha de tener en cuenta las necesidades y los comportamientos de los clientes.

Norma en materia de servicios financieros 4
Conocer las reglamentaciones y normas locales y las funciones de prestación de asistencia

Las intervenciones ponen de manifiesto un entendimiento de las normas políticas, jurídicas y sociales, además de fortalecer las funciones de apoyo a los servicios financieros.

Acciones clave

* Comprender la relación entre la política económica y la intervención de la organización (véase también la *Norma esencial 4: Notas orientativas*).
* Identificar y conocer las normativas financieras aplicables.
* Asegurarse de que las intervenciones se realicen conforme a las normativas vigentes o conseguir las exenciones necesarias para realizar las actividades.

Indicadores clave

* Los productos financieros respetan las leyes, las normativas y las costumbres locales.
* Los mecanismos de protección de datos (aplicados para recopilar, procesar y divulgar las informaciones de los beneficiarios) cumplen las normativas, las leyes y los acuerdos internacionales.
* Se realizan actividades de apoyo para reducir los costos de las operaciones, mejorar la información del mercado y posibilitar el acceso de los proveedores y consumidores al desarrollo de capacidades.

Notas de orientación

1 Leyes, normativas y costumbres locales

Una de las características definitorias de muchos entornos de las situaciones de crisis es la ausencia de un Estado de derecho. Muchas entidades que ponen en marcha iniciativas utilizan este vacío legal para planificar y realizar intervenciones que podrían haber funcionado en otros contextos, pero que no están respaldadas por las leyes y las normativas vigentes. Por ejemplo, las intervenciones relacionadas con instrumentos de ahorro o seguros que se realizan en circunstancias en que existen restricciones respecto a los intermediarios financieros o la cobertura de seguros, no podrán ser sostenibles a largo plazo. Es importante que las intervenciones se planifiquen utilizando análisis documentados sobre las leyes, normativas y costumbres locales. En caso de que una intervención requiera una modificación de las normativas o las costumbres, será necesario complementarla con una estrategia clara que aborde la manera en que dichas modificaciones servirán para satisfacer las necesidades pertinentes. Aunque es posible que la solicitud de exenciones con respecto a las normativas resulte factible en determinados contextos, las organizaciones deben asegurarse de que dichas exenciones normativas no ocasionan comportamientos monopolistas o un escenario desigual para los proveedores de servicios.

👍 Ejemplo

En la zona noreste de Nigeria, los comerciantes se mostraron molestos por el pago de ayudas alimentarias de emergencia en dinero electrónico porque consideraban que la medida no era conforme a los principios del Corán. En lugar de repartir ayudas en efectivo, los comerciantes se comprometieron a aceptar vales electrónicos para alimentos en sus zonas.

2 Actividades de apoyo

Considerando la naturaleza de los servicios financieros, la información desempeña un papel importante a la hora de posibilitar el intercambio entre los proveedores de servicios y los consumidores. Los PSF aportan información importante del mercado (a través de las agencias de información crediticia, los estudios de consumo, las campañas públicas y las normativas referentes a transparencia) que ayuda a los consumidores a comprender los productos financieros y a tomar decisiones fundamentadas sobre los proveedores de servicios. Otras funciones de apoyo serían la formación y la capacitación de consumidores y proveedores, que pueden reducir los obstáculos relativos al conocimiento y el comportamiento de las dos partes. Las intervenciones con las que se pretende facilitar servicios financieros a las poblaciones afectadas por las crisis deberían comprender el tipo de actividad de apoyo que se necesita para mejorar una parte concreta del mercado financiero (p. ej., los seguros, los pagos o los ahorros). A su vez, las intervenciones que abordan directamente las actividades de apoyo deben diseñarse aplicando un planteamiento que tenga en cuenta los sistemas (véanse también las *Normas en materia de desarrollo empresarial y de sistemas de mercado*).

3 Trabajo con refugiados/desplazados internos

Los refugiados y los desplazados internos son grupos de población a los que las crisis afectan de forma más severa. En algunos contextos, los servicios financieros disponibles en las comunidades de acogida pueden servir para trabajar de forma adecuada con los refugiados y los desplazados internos. A fin de atender las necesidades de estos grupos, es fundamental conocer las demandas y los numerosos problemas normativos y sociales que les afectan. En muchos países, los refugiados no tienen derecho a un trabajo, lo cual influirá en su demanda de algunos tipos de servicios financieros y en su capacidad para hacer uso de los mismos. En algunos países, los refugiados no tienen permitido abrir una cuenta bancaria. En los países en los que sí tienen estos derechos, es posible que los refugiados carezcan de la documentación necesaria para conseguir un empleo o para abrir una cuenta en un banco. La vulnerabilidad de los refugiados puede variar notablemente en función del momento y la forma en que dejaron su país natal. Es posible que algunos refugiados dispongan de activos que hayan traído consigo, mientras que otros solo tendrán lo que lleven en sus mochilas. Partiendo del hecho de que los refugiados suelen poner presión en los recursos de las comunidades de acogida, es importante comprender el contexto social en el que viven para planificar intervenciones que no aviven estas tensiones.

Aunque los desplazados internos son a menudo considerados como refugiados, las restricciones normativas y sociales a las que se enfrentan suelen ser diferentes y requieren la comprensión por parte de los encargados de la ejecución de los programas y de los PSF interesados en prestar servicio a este segmento de población. A diferencia de los refugiados, los desplazados internos se encuentran en su tierra natal, aunque se hayan visto obligados a desplazarse por un conflicto o un desastre natural. Aunque los desplazados internos puedan tener los mismos derechos que otros ciudadanos de las comunidades de acogida, en muchos casos han pasado por situaciones traumáticas que requieren una atención especial. Si bien es posible que los desplazados internos dispongan de la documentación necesaria para acceder a oportunidades de empleo o a servicios financieros, muchos de ellos suelen carecer de avales y servicios de protección social, y pueden ser discriminados por las comunidades de acogida de la misma forma que los refugiados. Por lo tanto, corresponderá a los encargados de la ejecución de programas y a los PSF comprender las necesidades específicas de estos grupos de población, así como los distintos contextos que determinarán las posibilidades que los refugiados y los desplazados tienen en lo que respecta al empleo, el autoempleo y el acceso a servicios financieros.

Norma en materia de servicios financieros 5
Cumplir las normativas en materia de protección del consumidor

Las intervenciones cumplen las normas universales relativas a la gestión de las prestaciones sociales, tratan a las personas de manera responsable y cumplen todas las leyes y normativas locales referentes a la protección de los consumidores.

Acciones clave

- Garantizar que los productos financieros que se proporcionan no generan un endeudamiento excesivo entre la población objetivo.
- Asegurarse de que los socios con los que se coopera hayan demostrado tener un compromiso con respecto a las buenas prácticas con la determinación de precios transparente, un el trato justo y respetuoso hacia las personas y los mecanismos para la resolución de reclamaciones.
- Asegurarse de que las personas entienden bien los canales de prestación de servicios y garantizar la seguridad y la privacidad de los datos.

Indicadores clave

- Los proveedores de servicios financieros cuentan con políticas sólidas y aplican procesos debidamente documentados para que el crédito llegue únicamente a prestatarios que puedan devolver los préstamos y no estén ya excesivamente endeudados.
- Los tipos de interés, los precios, las tasas y las condiciones de todos los productos financieros se explican a las personas de forma clara y comprensible, tanto verbalmente como por escrito.
- Las prácticas para el cobro de las deudas son respetuosas con las personas, no coactivas ni abusivas.
- Se dispone de un código deontológico y se aplica para combatir la corrupción o los abusos que sufren las personas.

- Se atienden las reclamaciones de los clientes y se resuelven en un plazo razonable.
- Se ofrece formación en nuevas tecnologías o mecanismos para la prestación de servicios a los receptores a fin de garantizar que estos sean capaces de acceder de formar eficaz a los servicios que se les ofrecen y utilizarlos.
- Se garantiza la seguridad y la confidencialidad de los datos de los clientes. Los proveedores de servicios financieros respetan la privacidad de las personas, cumplen las leyes y normativas locales y no utilizan ni divulgan los datos de las personas sin su consentimiento.

Notas de orientación

1 **Evitar el endeudamiento excesivo**

Aunque la experiencia nos demuestra que las personas recurren con frecuencia a los préstamos inmediatamente después de una crisis, no es una iniciativa apropiada para las personas sin actividad económica. Los préstamos que se conceden en el momento oportuno y se estructuran de forma adecuada resultarán fundamentales para ayudar a las personas económicamente activas a rehacer sus vidas. Para ello, es necesario coordinar todas las etapas del proceso crediticio (desde la planificación hasta la valoración, el seguimiento y los reportes), a fin de asegurarse de que el crédito sea necesario y que la deuda derivada del mismo no sea superior a la capacidad de reembolso de las personas a las que se les concede. Revelar el historial crediticio de las personas a otros proveedores de servicios financieros, siempre que sea procedente y legal, puede servir para evitar que se concedan varios préstamos a un mismo cliente, reduciendo así más el riesgo de exceso de endeudamiento.

2 **Cumplimiento de buenas prácticas**

Las personas tienen que comprender los servicios financieros que se les ofrecen, incluidas condiciones y los procesos, así como los derechos y obligaciones que implican los contratos. Los proveedores de servicios deben tratar a las personas de forma justa y respetuosa, sin discriminación alguna. Además, deben contar con mecanismos para la resolución de conflictos y reclamaciones que den respuesta a las preocupaciones potenciales de los clientes y trabajar para mejorar los productos y servicios ofrecidos.

③ Ofrecer formación en nuevas tecnologías

Los servicios financieros digitales proporcionados a través de teléfonos móviles, transferencias electrónicas, cajeros automáticos u otros medios representan un futuro muy prometedor para la comunidad humanitaria: aumentan la eficiencia, reducen costes, disminuyen pérdidas o extravíos e incrementan la precisión de las intervenciones selectivas, especialmente en lo que respecta a las transferencias de efectivo. Sin embargo, las tecnologías emergentes requieren el uso de nuevas y, a menudo complejas, interfaces y la realización de complicados procesos que pueden intimidar a los usuarios y reducir su uso y eficacia. Este es el caso de las poblaciones en situación de pobreza y vulnerabilidad, con bajos niveles de alfabetización y que, a menudo, carecen de experiencia con los sistemas de pago digitales o no se sienten comodas utilizándolos. Por lo tanto, es importante que los usuarios de servicios financieros digitales reciban una formación completa e información sobre estos nuevos mecanismos digitales para la prestación de servicios antes y después de la implantación de los mismos. Como mínimo, las personas deben saber las cantidades que pagan, la frecuencia de los pagos, la forma en la que debe funcionar el sistema y el mecanismo de los pagos, y a dónde deben acudir si tienen problemas.

Normas en materia de empleo

Norma 1
Se fomenta el empleo digno

Norma 2
Las intervenciones se realizan en función del mercado laboral

Norma 3
Se apoya la sostenibilidad del trabajo

6 Normas en materia de empleo

Las Normas en materia de empleo regulan las actividades que preparan a las personas para trabajar o crear trabajos a través de proyectos humanitarios y de recuperación económica. Las intervenciones deben centrarse en el fomento de unas condiciones laborales dignas y seguras que permitan a las personas ganar un salario para poder vivir. La programación relativa al empleo también debe tener en cuenta la realidad del mercado laboral y el contexto sociocultural. Además, estos programas han de posibilitar evaluaciones periódicas y la integración de todas las modificaciones requeridas en función de los resultados de las continuas evaluaciones del mercado laboral. La programación en materia de empleo debe fomentar la capacitación continua y el empleo estable. La importancia del empleo productivo se destaca en el Objetivo de Desarrollo Sostenible (ODS) 8 de las Naciones Unidas, cuyo fin es «promocionar el crecimiento económico sostenido … (y) lograr el empleo pleno y productivo y el trabajo decente para todos los hombres y mujeres para 2030».

Algunas de las actividades relativas al empleo son las siguientes:

- capacitación empresarial o formación profesional
- organización de oportunidades de formación en los centros de trabajo y creación de programas de aprendizaje
- orientación profesional e inserción laboral
- empleo temporal para la reconstrucción de infraestructuras, como, por ejemplo, los programas de pago de dinero en efectivo a cambio de trabajo
- creación de asociaciones profesionales y cooperativas de trabajadores
- colaboraciones asociativas con empleadores del sector privado para la planificación de intervenciones y la colocación de personas tituladas
- creación de empleos mediante inversiones en empresas
- formación para empleadores sobre normas en materia de seguridad y adecuación de los lugares de trabajo.

Norma relativa al empleo 1
Se fomenta el empleo digno

Gracias a las oportunidades de empleo, los trabajadores obtienen remuneraciones justas; estas proporcionan protección física, emocional y social en los lugares de trabajo; y posibilitan el desarrollo personal y profesional de cara al futuro.

Para obtener más información sobre empleo digno, consúltese el Glosario y la página web de la Organización Internacional del Trabajo (OIT).

Acciones clave

- Evaluar las políticas de las administraciones nacionales y locales, así como las normas y costumbres no oficiales del mercado laboral.
- Incorporar los Derechos en el Trabajo para poblaciones vulnerables de la OIT en la planificación de los proyectos, si existen lagunas al respecto en las políticas sociales.
- Reclamar unos niveles salariales justos en función de las realidades del mercado laboral en ese momento para los sectores en los que se pretende crear empleo (un régimen salarial justo debe resolver cualquier diferencia entre el salario predominante y el salario mínimo que permita a los trabajadores cubrir sus necesidades básicas).
- Colaborar con las empresas para asegurarse de que los administradores entiendan las normas relativas al empleo digno y justo y fomentar la contratación inclusiva.
- Prestar asistencia técnica a las empresas que se comprometidas a mejorar la protección física, emocional o social para sus trabajadores.

Indicadores clave

- El trabajo que se promueve cumple las normas internacionales de calidad y seguridad (como las de la OIT, el proyecto Esfera, los ODS del Banco Mundial, los Convenios sobre el Cambio Climático de las Naciones Unidas o las leyes en materia de trabajo infantil).
- La programación para la ayuda a los refugiados y los desplazados internos se realiza conforme a lo dispuesto en las normas fundamentales de derecho al trabajo de la ONU y la OIT en lo que respecta a las personas desplazadas (ONU, 1948: Artículo 23; OIT, 1998).
- Las intervenciones son inclusivas y los programas tienen en cuenta las necesidades específicas de las poblaciones en situación de vulnerabilidad para asegurar el acceso equitativo y justo al empleo digno.
- Las actividades para la creación de empleo y las asociaciones con entidades privadas preservan y promueven el empleo de calidad.
- Cuando resulta necesario, se recomiendan mejoras en la programación y las condiciones de trabajo y estas se apoyan y evalúan periódicamente.
- El trabajo proporciona un salario mínimo que, como mínimo, permite a las personas cubrir sus necesidades básicas. Además, el salario tiene en cuenta el nivel de las remuneraciones locales y el propósito o el objetivo concreto de la programación.
- Los empleadores entienden las normas relativas al empleo justo y equitativo y aplican prácticas de contratación inclusivas.
- Si las organizaciones humanitarias ejercen de empleadores, se coordinan con otras agencias y entidades del sector privado para asegurarse de que las remuneraciones sean coherentes y no distorsionen el mercado (véase también la *Norma esencial 2*).

Notas de orientación

①   Calidad del empleo

Se deben tener en cuenta los siguientes factores a la hora de determinar si un empleo es digno:

*   Que el nivel de las remuneraciones sea apropiado y posibilite un nivel de vida adecuado, teniendo en cuenta la cuantía de las remuneraciones locales y la coordinación con las agencias internacionales en lo que respecta a las escalas salariales. Los pagos por el trabajo remunerado deben realizarse de manera puntual y regular. Es importante recordar que unos niveles salariales superiores a los sueldos del mercado por trabajos similares alejarán a los trabajadores de los agentes del sector privado y el sector agrario, causando, a largo plazo, desempleo, el cierre de negocios y otros efectos negativos.
*   Que se apliquen procedimientos que aporten y fomenten un *entorno laboral protegido y seguro*. En estos procedimientos, se tienen en consideración, entre otros aspectos, las cuestiones de igualdad de género, las leyes sobre trabajo infantil, los orígenes étnicos, a las personas con discapacidades, los ancianos y otros grupos de población vulnerables (véase también la *Norma 1 en materia de políticas educativas de las Normas Mínimas de la INEE: Formulación de políticas y leyes*).
*   Que el empleo sea *respetuoso con la dignidad humana* y ofrezca oportunidades para el desarrollo personal y profesional. Por ejemplo, las estrategias de los programas deben abordar la protección de las personas, respetar la edad mínima para trabajar y no influir negativamente en las responsabilidades que tienen las personas de atender sus hogares (véase también la *Norma 2 en materia de seguridad alimentaria; medios de vida: Ingresos y empleo del Manual Esfera*).
*   Que las oportunidades de empleo y formación profesional sean accesibles en igualdad de condiciones para hombres y mujeres; personas de diferentes religiones, etnias e ideologías políticas; jóvenes con edad suficiente para trabajar; personas con discapacidades ancianos; y todos los grupos de las comunidades, incluyendo, si corresponde, a los miembros de la comunidad de acogida, los desplazados internos, los refugiados, los repatriados y los combatientes desmovilizados. Esto no implica necesariamente que todos los grupos a los que se dirigen estas oportunidades reciban formación en el mismo tipo de actividades profesionales, sino que todos podrán acceder a actividades relativas al empleo y a la formación profesional en igualdad de condiciones.

- Que el empleo *respete las leyes y las costumbres locales*, siempre y cuando no contravengan las normas internacionales y los criterios de calidad que se indican en el presente documento.
- Que la planificación de los programas *fomente el empleo regulado* siempre que sea posible.

Ejemplo

Como parte de sus intervenciones relativas al empleo, una ONG consigue prácticas de aprendizaje profesional en varias empresas locales para personas tituladas en su programa de formación, a fin de que obtengan formación en lugares de trabajo, que podría convertirse posteriormente en puestos de trabajo a jornada completa. Cada titulado en prácticas recibe una insignia que le identifica como aprendiz «oficial» y en su parte trasera figura un número de teléfono confidencial al que puede llamar si encuentran algún problema de discriminación o acoso en sus puestos de trabajo.

2 Entorno operativo

En el diseño de los proyectos, se tienen en cuenta las políticas de las administraciones locales y nacionales, así como las normas oficiales y no oficiales y las estructuras de poder que rigen el mercado laboral. Este contexto debe tenerse en cuenta al realizar la evaluación del mercado laboral. Cuando las políticas o las normas sociales incumplen las normas internacionales en materia de empleo, las iniciativas para educar a los agentes del mercado y solucionar estos problemas deben tenerse en cuenta al diseñar los proyectos.

Historia con moraleja

Los refugiados de larga duración se ven obligados por las políticas gubernamentales a permanecer en un campamento y tienen prohibido trabajar fuera de sus instalaciones. A pesar de esto, una entidad proveedora de formación profesional comienza a ofrecer cursos de formación en mecánica de automóviles en un campamento, aunque allí hay pocos automóviles. Cuando los jóvenes refugiados obtienen la titulación de los cursos de formación, no pueden encontrar empleadores que necesiten servicios de mecánica y siguen sin empleo.

③ Desarrollo del capital humano

Al identificar las opciones viables de empleo, se deben tener en cuenta las aptitudes, el apoyo y la formación que se necesitan para cumplir los requisitos del trabajo correspondiente (y las posibilidades de que las personas los reúnan). Los programas deben evaluar la necesidad de proporcionar formación sobre elementos de la vida cotidiana como, por ejemplo, el liderazgo y la comunicación además de facilitar la ayuda psicosocial necesaria.

④ Determinación de los objetivos

Aunque es probable que las necesidades relativas al empleo sean mucho mayores para las personas especialmente desfavorecidas y vulnerables (como las personas con discapacidades o las mujeres que se encuentran en situaciones en las que tienen limitada su libertad de movimiento), puede resultar complicado incluirlas en los planes de empleo convencionales. Por ello, siempre será necesario facilitar alternativas a estos grupos para que puedan acceder a empleos.

👍 Ejemplo

Una ONG organiza un programa de formación profesional que se impartirá en un centro comunitario de una zona urbana. El objetivo del programa es mejorar la empleabilidad de hombres y mujeres, aunque la asistencia de mujeres era baja. Después de realizar las sesiones de grupo, la ONG se da cuenta de que las mujeres deben quedarse cuidando a sus hijos a las horas en que se han programado las clases, por lo que ofrecen servicios para el cuidado de niños durante las clases para que asistan más mujeres.

Norma relativa al empleo 2
Las intervenciones se realizan en función del mercado laboral

Las intervenciones relacionadas con el empleo dependen de las condiciones del mercado en ese momento, de las oportunidades futuras y de las aptitudes profesionales que tenga una población.

Acciones clave

- Realizar evaluaciones del mercado laboral antes de las situaciones de crisis para mejorar la preparación de las personas y aportar datos a la planificación de los programas durante las actividades de respuesta humanitaria y recuperación económica (véanse también las *Normas en materia de valoración y análisis*).
- Realizar análisis continuos de la oferta y la demanda de trabajo, productos, servicios, seguridad y protección; adaptar la programación para que refleje los cambios del mercado y las condiciones laborales (véase también la *Norma 3 en materia de Desarrollo de los sistemas empresariales y de mercado*) y llevar a cabo una programación adecuada para cubrir las necesidades de las poblaciones movilizadas.
- Llevar a cabo evaluaciones cartográficas integrales del mercado para fundamentar la planificación de las actividades de respuesta humanitaria y los programas, así como identificar las crisis del mercado laboral. Actualizar además las evaluaciones cartográficas durante la ejecución de los programas y en contextos posteriores a los periodos de crisis para poder incluir los resultados correspondientes en la programación.
- Señalar cuáles son las normas (las reglamentaciones y las convenciones socioculturales) que generan limitaciones a los grupos a los que se dirigen las intervenciones. Determinar también si las opciones de empleo regulado y no regulado deben tenerse en cuenta para la planificación de los programas.
- Colaborar con agentes del sector privado para identificar los empleos demandados (necesarios para la economía) y diseñar los programas en función de las necesidades que se señalen. Buscar oportunidades de trabajo estable y sostenible, en torno a las cuales se puedan llevar a cabo las intervenciones.
- Asegurarse de que los sectores laborales elegidos para un proyecto no empeoren todavía más las dificultades coyunturales, los conflictos o los problemas medioambientales.

Indicadores clave

- Los análisis cartográficos periódicos y previos a las situaciones de crisis aportan datos para fundamentar la programación relativa al empleo (véanse también las *Normas en materia de valoración y análisis*).
- Las intervenciones se evalúan y se ajustan periódicamente en función de los nuevos datos y los cambios en la demanda de empleo. Estas evaluaciones incluyen, por ejemplo, la siguiente información: formación profesional, escalas salariales y asociaciones para colaborar con entidades del sector privado.
- Por lo general, los beneficiarios de estos programas encuentran, consiguen y mantienen trabajos que les proporcionan salarios con los que pueden cubrir las necesidades básicas de sus hogares.
- Las empresas detectan las oportunidades de futuro que ofrece el mercado e invierten en la mejora de los conocimientos y la capacitación de sus empleados.

Notas de orientación

1 **Evaluaciones del mercado**

Las estrategias de los programas y las intervenciones deben estar basadas en investigaciones sobre las tendencias del mercado laboral. Las investigaciones realizadas para determinar la demanda de empleo consisten en el análisis de los siguientes aspectos: 1) las fuentes de empleo existentes y emergentes que ofrezca la economía local; 2) las posibilidades de contratación que tienen las personas que reciben formación cuando finalicen los programas de empleo; 3) el nivel de capacitación y las titulaciones que necesitan las personas que reciben formación para acceder al mercado laboral; 4) cualquier carencia de aptitudes y conocimientos que exista en el mercado laboral; 5) los sistemas y recursos existentes en el sector público y el sector privado para el desarrollo de los trabajadores; 6) la forma en que el género, la clase social, la edad u otros posibles prejuicios pueden afectar a las prácticas de contratación y empleo; 7) los niveles salariales predominantes en los distintos sectores y subsectores; 8) los efectos estacionales en la demanda de empleo (tanto en el ámbito rural como en el urbano); 9) los patrones migratorios que influyen en la oferta de trabajo y; 10) la forma en que la planificación en los mercados laborales relativa a la reducción y recuperación de desastres puede mitigar los efectos de los acontecimientos imprevistos (como fenómenos climáticos y disturbios políticos (véase tambien *la Norma 1 en materia de Enseñanza y Aprendizaje de las Normas Mínimas de la INEE*.)

En la medida de lo posible, las evaluaciones cartográficas del mercado anteriores a las crisis se deben realizar y aplicar para reforzar la capacidad de resistencia en una comunidad. En estos análisis, se indicarán cuáles son las experiencias y las capacidades que pueden aprovecharse después de las situaciones de crisis (véanse también las *Normas en materia de valoración y análisis*).

② Control del mercado laboral y el empleo

A fin de garantizar que las intervenciones sigan siendo adecuadas en contextos que varían rápidamente, como los posteriores a las situaciones de crisis, las valoraciones del mercado laboral y los controles del empleo deben ser frecuentes. Las valoraciones servirán para determinar si los cambios en la disponibilidad de bienes y servicios, la estabilidad política y los fenómenos climatológicos han influido en los mercados laborales locales. Estas evaluaciones pueden garantizar además la adecuación en cada momento de la formación profesional, las oportunidades de empleo, los niveles salariales y la seguridad y protección de los beneficiarios. El seguimiento posterior al programa de los estudiantes de los programas de formación profesional puede aportar información valiosa para la planificación de programas (véase también la *Norma 3 de las Normas Mínimas de la INEE*).

③ Implicación del sector privado

El sector privado debe estar informado e implicado en la planificación a fin de garantizar que el conjunto de capacidades adquiridas satisfaga la demanda del mercado y ofrezca oportunidades para la colocación, la orientación profesional y el desarrollo continuo de los trabajadores cuando la intervención finaliza. Cuando se han identificado las limitaciones normativas o prácticas de los grupos objetivo, se pueden tener en consideración las opciones de empleo no regulado, aunque los agentes del sector privado deberían seguir implicados, si fuera posible. Es necesario evaluar con regularidad a las entidades asociadas del sector privado que proporcionan actividades de formación, aprendizaje, orientación, empleo y otro tipo de intervenciones para asegurarse de que la programación y los entornos laborales cumplan las normas de trabajo digno (véase también la *Norma en materia de empleo 1*) Por otra parte, lo ideal sería poner a disposición de las personas que realizan prácticas profesionales un sistema cerrado y confidencial de información y observaciones.

Ejemplo

Durante la fase inicial de un proyecto, una ONG se asocia con una gran compañía para crear un plan de formación de aptitudes empresariales y técnicas. Para ello, la empresa aporta varias ideas, principalmente, ayuda a diseñar los módulos dirigidos a mejorar las aptitudes comunicativas y de atención al cliente de los trabajadores, ya que había detectado que sus empleados carecían de esas habilidades.

Norma relativa al empleo 3
Se apoya la sostenibilidad del trabajo

Las intervenciones relativas al empleo respaldan la sostenibilidad del trabajo y las oportunidades de empleo de larga duración. En los contextos dinámicos, estos objetivos de sostenibilidad se pueden lograr mediante un enfoque por fases, trabajando con intervenciones a corto y medio plazo.

Acciones clave

- Promover la colaboración con entidades del sector privado para garantizar que las oportunidades de empleo se ajusten a las necesidades del mercado. De esta forma, es más probable que el sector privado genere oportunidades de empleo de larga duración después de que las intervenciones hayan finalizado.
- Centrar las intervenciones a corto plazo relativas al empleo en capacidades demandadas o en sectores con un potencial de crecimiento importante para que las personas puedan beneficiarse de la experiencia adquirida cuando finalicen las actividades.
- Diseñar intervenciones relativas al empleo en las que se tenga en consideración las capacidades y las preferencias de las personas o grupos a las que se dirigen.
- Prestar asistencia adicional a los grupos de población que no estén plenamente integrados en el mercado laboral (como las mujeres, las personas con discapacidades y los jóvenes) y buscar soluciones creativas para los problemas de empleo cíclicos (como la migración).
- Colaborar para garantizar que los mecanismos para el registro de empleados y los certificados de formación están disponibles a través de entidades públicas o privadas.

Indicadores clave

- Las entidades públicas y privadas son socios activos para la implantación de los programas y se tiene en consideración su colaboración para la planificación de proyectos.
- En la planificación de programas, se tiene en cuenta y se da respuesta a la capacitación personal e institucional que se necesita para crear empleo sostenible para los grupos a los que se destinan las intervenciones.
- Las intervenciones de empleo de corta duración, como las iniciativas de pago de efectivo a cambio de trabajo, que pueden emplearse para facilitar fuentes de ingresos inmediatos y restablecer activos, deben vincularse a estrategias a más largo plazo que fomenten el empleo sostenible.
- Cuando proceda, vincular las estrategias de empleo con las estrategias existentes a nivel local y nacional sin perjudicarlas (véase también la *Norma Fundamental 4*).
- Los temas fundamentales y trasversales, como la reducción y recuperación de desastres o la igualdad de género, se integran en la planificación de los programas.
- Los ámbitos laborales que se fomentan no repercuten negativamente ni en la problación ni en el entorno.

Notas de orientación

1 **Colaboración con entidades del sector privado**

Se recomienda encarecidamente colaborar con agentes del sector privado para asegurar la sostenibilidad del empleo después de las intervenciones. Además de garantizar fuentes de empleo e ingresos sostenibles, las entidades privadas asociadas pueden ofrecer formación y asistencia a través de programas de prácticas y estudios combinados con empleo. Los socios del sector privado que respeten las leyes y las costumbres internacionales y locales relativas al trabajo, y asuman su responsabilidad con la sociedad pueden contribuir a la estabilidad de los medios de vida, al tiempo que facilitan los suministros para dar respuesta a las necesidades del mercado.

② Intervenciones a corto plazo

En situaciones de crisis, las intervenciones que fomentan el empleo de corta duración (como el pago de efectivo a cambio de trabajo) se utilizan habitualmente con los siguientes fines:

- Dar empleo a los grupos de población vulnerables o inestables hasta que puedan reincorporarse al mercado laboral.
- Inyectar efectivo a la economía local.
- Restaurar/construir infraestructuras locales.

Estas intervenciones cortoplacistas se deben aprovechar para consolidar las posibilidades de los participantes de cara a las oportunidades de empleo de larga duración que surjan en el futuro. Es posible conseguir empleo de larga duración mediante la identificación, el desarrollo y la transmisión de conocimientos presentes en las intervenciones de corta duración a fin de mejorar la empleabilidad de los participantes en sectores en crecimiento o en industrias donde la demanda de mano de obra no está cubierta. Además, los programas no deben influir negativamente en el acceso a otras oportunidades ni desviar los recursos que obtienen los hogares de las actividades de producción que ya realizan (véase también la *Norma 2 en materia de seguridad alimentaria; medios de vida: Ingresos y empleo del Manual Esfera*). Asimismo, las intervenciones de empleo cortoplacistas no deben debilitar ni menoscabar los recursos comunitarios o medioambientales que son importantes para el bienestar económico a largo plazo. En casos poco frecuentes en los que las intervenciones se planifican para proporcionar únicamente de corta duración, es necesario transmitir esta información claramente a los participantes para que no se creen expectativas de que van a conseguir trabajos de larga duración.

> **⚠ Historia con moraleja**
>
> En Birmania, después del ciclón Nargis, las agencias de ayuda humanitaria pusieron en marcha programas en los que se pagaba dinero en efectivo a cambio de trabajos para ayudar a los ciudadanos a reconstruir sus hogares y restaurar sus activos. A fin de ayudar a la gente a recuperarse más rápidamente, se fijaron niveles salariales superiores a los habituales en el mercado. Esta medida provocó que los agricultores locales no pudieran contratar a trabajadores agrarios para cosechar los cultivos porque los plazos del proyecto y los sueldos que ofrecían las organizaciones humanitarias competían de forma directa con las ofertas de los agricultores y encarecieron demasiado la mano de obra.

③ Desarrollo del capital humano

Los proyectos deben tener vínculos con las instituciones públicas, educativas y privadas que ya estén proporcionando actividades de formación profesional. Estos proyectos deberán además mejorar la calidad de los servicios e incluir a una amplia gama de participantes. A fin de garantizar que el plan formativo sea adecuado, actual y acorde a las necesidades del mercado, conviene coordinarse con las estructuras de formación públicas y privadas existentes. Se debe realizar un seguimiento continuo de las materias que se abordan en las iniciativas de formación para que se ajusten a la demanda laboral, ya que ésta varía con el paso del tiempo y evoluciona entre los contextos anteriores y posteriores a las crisis. Ofrecer cursos de formación y títulos homologados oficialmente permitirá a los estudiantes y empleados en prácticas encontrar empleo y progresar profesionalmente.

La programación relativa al empleo puede conllevar la contratación de personal para los proyectos. Las capacidades adquiridas por las personas contratadas para estos puestos pueden servirles para conseguir un trabajo independiente de las iniciativas de las ONG en un futuro. Como siempre, los trabajos del personal de la organización deben cumplir las normas de empleo digno.

④ Incorporación de iniciativas para reducir el riesgo de desastres, conseguir mejoras en la reconstrucción y consolidar la paz

Cuando sea apropiado y conveniente, los programas de empleo deben integrar otros elementos en sus actividades. Por ejemplo, los aspectos relativos a la cohesión social y los indicadores de pacificación serán importantes en determinados contextos. En otros ámbitos, hay que analizar las situaciones que hayan ocurrido anteriormente (mediante la investigación de los datos apropiados) y podrían repetirse en el futuro, para llevar a cabo la reconstrucción. La mayoría de las zonas notan el impacto de los desastres naturales, por lo que, en la medida de lo posible, los aspectos relativos a la reducción y recuperación de desastres deben incluirse en las intervenciones de carácter económico. Al implementar políticas estratégicas de capacitación para afrontar los problemas, aumentan las probabilidades de crear oportunidades de empleo sostenible y fortalecer la resiliencia de los sistemas económicos.

5 Contexto, conflictos y empleo respetuoso con el medio ambiente

Las intervenciones relativas al empleo tienen que cumplir las leyes y las normativas nacionales e internacionales para que las personas tengan trabajos dignos, pero se debe tener en cuenta el contexto local, incluidas, entre otras cuestiones, las normas sociales, las tensiones comunitarias y el entorno. Por lo tanto, los programas deben centrarse en los objetivos de las personas a las que se destinan las iniciativas, aunque también se deben analizar el impacto que tengan en los sectores que proporcionan empleo a las comunidades. Para ello, la programación debe intentar no fomentar el cambio climático, evitando industrias muy extractivas y contaminantes, promoviendo negocios e incentivado a empleadores en sectores que apliquen prácticas industriales sostenibles.

> **! Historia con moraleja**
>
> Después de un desastre que destruye muchas barcas de pesca tradicionales, una organización reemplaza esas embarcaciones por otras modernas. Esta iniciativa aportó capacidad a la cooperativa de pescadores para mejorar sus técnicas de pesca. Sin embargo, no se analizaron las posibles consecuencias medioambientales ni la sostenibilidad. Como consecuencia, los arrecifes de la zona se vieron seriamente dañados y hubo problemas por la pesca excesiva.

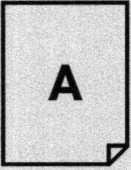

A

Herramientas vinculadas al mercado y marcos para las valoraciones

Tema	Herramienta	Usos	Dónde encontrar esta herramienta
Norma para el análisis de mercados	Norma mínima para el análisis de mercados (NMAM) (*Norma de entidad asociada en el Proyecto Esfera*)	Determina cuáles son los puntos de referencia para cualquier análisis de un mercado con el fin de garantizar la calidad de las respuestas humanitarias y los planes de emergencia asociados Herramienta óptima para evaluaciones de mercados sobre necesidades básicas y ayuda humanitaria centrada en situaciones de crisis	Cash Learning Partnership (CaLP): http://cashlearning.org/ > Resources and tools > search Misma
Análisis de mercados	Análisis y evaluaciones cartográficas de mercados en situaciones de emergencias (EMMA, por sus siglas en inglés)	Útil para conocer las tendencias de un sistema de mercado determinado en una situación de crisis. Puede resultar práctico para una gran variedad de planteamientos aplicados en las intervenciones para la recuperación económica Herramienta óptima para la evaluación de determinados mercados con fines de recuperación económica, diversas opciones de intervención y diferentes situaciones de crisis en diversos entornos para la recuperación	Herramientas del EMMA: http://www.emma-toolkit.org/toolkit
	Evaluación cartográfica y análisis de mercados anteriores a las crisis (PCMA, por sus siglas en inglés)	Orientación adicional para la evaluación cartográfica y el análisis de mercados en periodos anteriores a las crisis. Es posible comparar los datos relativos al PCMA (antes de la crisis) y el EMMA (durante la crisis) para planificar estrategias de recuperación de mercados Herramienta óptima para las evaluaciones de mercados específicos con fines de recuperación económica, diversas opciones de intervención y situaciones de crisis cíclicas y previsibles	Herramientas del EMMA: http://www.emma-toolkit.org/what-pcma
	Evaluación rápida de mercados (RAM, por sus siglas en inglés)	Recurso orientativo para las evaluaciones en contextos de crisis, que se centra en lugares, no en mercados concretos Herramienta óptima para cuesties relativas a las necesidades básicas y la seguridad alimentaria (ayuda humanitaria) entre 48 y 3 semanas después de las situaciones de crisis	Cruz Roja Internacional y la Media Luna Roja (CICR): https://www.icrc.org > Resource Center

Tema	Herramienta	Usos	Dónde encontrar esta herramienta
	Guía para el análisis de mercados (MAG, por sus siglas en inglés)	Ofrece orientación para el ciclo completo de los programas. Puede abarcar varios sistemas de mercado en la zona seleccionada (menos profunda que EMMA o MSD) Herramienta óptima para la ayuda humanitaria y recuperación ecconómica durante el primer año posterior a la situación de crisis	CICR: https://www.icrc.org > Resource Center
	Análisis de información sobre mercados y seguridad alimentaria para intervenciones (MIFIRA, por sus siglas en inglés)	Para diseñar actividades basadas en la distribución y sensibles a los mercados con fines de seguridad alimentaria Herramienta óptima para los asuntos de seguridad alimentaria (ayuda humanitaria). Aunque se centre principalmente en situaciones de crisis, también puede utilizarse para las iniciativas recuperación	http://barrett.dyson.cornell.edu/MIFIRA/
	Conjunto de herramientas para la evaluación de mercados dirigidas a los proveedores de formación profesional y a los jóvenes	Recursos y actividades útiles para los programas de formación profesional y los programas para jóvenes Herramienta óptima para las iniciativas de recuperación económica y la programación al empleo centrada en los jóvenes	Comisión de Mujeres Refugiadas (WRC, por sus siglas en inglés). https://www.womensrefugee commission.org > Resources
	Enfoque para el Desarrollo Participativo de Sistemas de Mercado (PMSD, por sus siglas en inglés)	Procedimientos sobre técnicas y herramientas participativas de análisis cartográfico participativo Herramienta óptima para la implicación de agentes marginados y la planificación participativa en contextos de recuperación	Practical Action: http://www.pmsdroadmap.org/
	Guía Operacional del Enfoque Lograr que los Mercados Funcionen para los Pobres (m4P)	Instrumento útil para los análisis en profundidad realizados con el objetivo de fundamentar las estrategias de las intervenciones. Dirigido a los programas largo plazo (no se centra específicamente en contextos de crisis) Herramienta óptima para los siguientes usos: selección y evaluación de mercados concretos y recuperación económica basada en la facilitación en contextos de recuperación y desarrollo.	Beam Exchange: https://beamexchange.org/guidance/m4pguide

Tema	Herramienta	Usos	Dónde encontrar esta herramienta
Análisis de economía política	Análisis de economía política del Departamento de Desarrollo Internacional del Reino Unido: Procedimientos analíticos	Guía para saber cómo se asignan la energía y los recursos, que puede incluirse con otros análisis de mercado Herramienta óptima para diversos tipos de intervenciones, crisis prolongadas, recuperación y desarrollo	Overseas Development Institute: https://www.odi.org > Publications
	Comprensión de los cambios en las políticas: Cómo poner en práctica los conceptos de economía política	Presenta los mecanismos fundamentales, la lógica de la economía política y enseña a los lectores a reconocer estos mecanismos en su trabajo diario para el desarrollo Herramienta óptima para obtener una visión general de los conceptos de la economía política	Banco Mundial: https://www.worldbank.org > Publications
Discriminación sexual y mercados	Género en las cadenas de valor	Conjunto de herramientas para integrar las cuestiones relativas a la discriminación por motivos de género en las evaluaciones de mercado, como EMMA, PCMA o MSD Herramienta óptima para garantizar la integración de las cuestiones relativas a la discriminación sexual en las evaluaciones de los sistemas de mercado	Agri Pro Focus: http://agriprofocus.com/intro > Knowledge Base
	Directrices para la integración de las intervenciones contra la violencia de género en la acción humanitaria	Ayudar a los agentes humanitarios y a las comunidades afectadas por situaciones de crisis a coordinar, planificar, ejecutar, supervisar y evaluar una serie de medidas básicas para la prevención y la mitigación de la violencia de género (VG) en todos los sectores de la respuesta humanitaria. Herramienta óptima para obtener una visión general de la incorporación de las cuestiones relacionadas con la violencia de género en los diferentes puntos de los programas	Global Protection Cluster: http://www.globalprotectioncluster.org/ > Tools and Guidance > Essential Protection Guidance and Tools > Gender-Based violence

Tema	Herramienta	Usos	Dónde encontrar esta herramienta
	Medios de vida por grupos de población y análisis de riesgos (CLARA, por sus siglas en inglés)	Guía y herramientas para profesionales que trabajan sobre el terreno y quieren evaluar, planificar y supervisar intervenciones relativas a medios de vida seguros que integren cuestiones de género. El anexo 3 de la guía complementa las herramientas del EMMA para abordar los análisis de riesgos teniendo en consideración cuestiones referentes a la discriminación de género Herramienta óptima para recopilar y analizar datos sobre cuestiones de género. Puede utilizarse en contextos de recuperación	WRC: https://www.womensrefugeecommission.org/ > Resources > Livelihoods
Mercados de semillas	Evaluación de la seguridad del mercado de semillas	Instrumento útil para las evaluaciones en profundidad sobre aspectos relativos a las semillas en el ámbito de la seguridad alimentaria o de la programación centrada en los aportes Herramienta óptima para los asuntos relacionados con las semillas en contextos de crisis y recuperación	Seed System: http://seedsystem.org > Assessment Tools
Evaluación de las necesidades de los hogares	Análisis de economía doméstica (HEA, por sus siglas en inglés)	Análisis en profundidad de las necesidades de los hogares. Instrumento que sirve para crear perfiles de los grupos a los que se destinan las iniciativas en lo que respecta a los medios de vida y el patrimonio a través de la recopilación de datos sobre los hogares Herramienta óptima para diversos tipos de intervenciones y contextos	Household Economy Approach: http://www.heawebsite.org/ about-household-economy-approach
Supervisión contextual (precios)	Conjunto de instrumentos para la supervisión de el análisis y la respuesta humanitaria (MARKit, por sus siglas en inglés)	Directrices y plantillas para la supervisión de precios Herramienta óptima para la supervisión continua de los precios de mercado en diferentes contextos	Catholic Relief Services: http://www.crs.org/ > Research & Publications > Emergency Response and Recovery

Tema	Herramienta	Usos	Dónde encontrar esta herramienta
	Programa Mundial de Alimentos: Directrices para el análisis de mercados	Herramientas y directrices de carácter general sobre análisis de mercados centradas principalmente en la evolución de los precios a lo largo del tiempo. Instrumento destinado a usuarios con cierta experiencia en el análisis de mercados Herramienta óptima para la supervisión continua de los precios de mercado y las evaluaciones del mercado de alimentos en diversos contextos	Programa Mundial de Alimentos: http://www. wfp.org/content/market-analysis-guidelines
Supervisión y evaluación	Normas del Comité de Donantes para el Desarrollo Empresarial (DCED, por sus siglas en inglés) para la valoración de resultados	Herramienta útil para la supervisión normalizada y sistemática de programas en sistemas de mercado complejos	Comité de Donantes para el Desarrollo Empresarial: http://www.enterprise-development.org/ measuring-results-the-dced-standard/
Evaluación multisectorial	Evaluación Multisectorial Inicial Rápida (MIRA, por sus siglas en inglés)	Aborda la magnitud de las condiciones, el impacto, las vulnerabilidades, los riesgos, las tendencias y las carencias informativas en las crisis humanitarias	Inter-Agency Standing Committee: https:// interagencystanding committee.org/ > Resources
	Evaluación de las necesidades posteriores a los desastres/ evaluación de las necesidades para una respuesta humanitaria conjunta rápida	Evaluación normalizada e integral en periodos posteriores a desastres que aborda las necesidades para la recuperación en lo referente a las infraestructuras, el alojamiento, los medios de vida y los servicios sociales y comunitarios	Programa de las Naciones Unidas para el Desarrollo: http://www.undp.org/> Publications > Climate change and disaster risk reduction

Glosario

El presente glosario ofrece definiciones de la terminología de uso común en las *Normas mínimas para la recuperación económica.* Estas definiciones reflejan usos habituales de los términos. El léxico utilizado de forma recurrente en este documento se basa en definiciones comúnmente aceptadas en obras relacionadas con el desarrollo económico, las microfinanzas, el desarrollo empresarial, los medios de vida, el desarrollo de los mercados, la agricultura y la seguridad alimentaria. Salvo que se indique lo contrario, estas definiciones se han adaptado de la página web de la Oficina de Desarrollo Microempresarial de USAID: www.microlinks.org. Las definiciones en las que aparece la referencia MERS han sido elaboradas por colaboradores en el documento *Normas mínimas para la recuperación económica.*

Acceso en el ámbito de los servicios financieros, el acceso se mide en función del alcance (en cifras) de los productos y los servicios que ofrecen las instituciones financieras a microempresas y pequeñas empresas para que puedan obtener rentabilidad. La definición se aplica de manera similar al desarrollo empresarial, en el cual el acceso se mide por el número de empresas que pueden obtener beneficios con los productos y servicios necesarios para sus actividades empresariales, incluidos los mercados.

Activos grupales activos cuya propiedad corresponde de forma formal o informal a un grupo de personas que participan conjuntamente en una actividad empresarial. Algunos ejemplos de activos que se suelen gestionar de manera colectiva son los sistemas de riego por goteo o aspersión, los equipos de embalaje, los almacenes y los generadores. Las transferencias de activos colectivos suelen ser de mayor escala (en valor y tamaño) que las de activos individuales concentrados en un único lugar, por lo que se debe prestar mayor atención antes de la transferencia a la valoración de sus consecuencias e implicaciones en el mercado local.

Activos productivos se definen como los recursos que se usan para generar ingresos y ganancias. Las personas pueden hacer uso de los activos de dos formas: a través de su propiedad o control directo o teniendo acceso a recursos que no les pertenezcan.

Actualización hace referencia a un cambio de mentalidad, el perfeccionamiento de destrezas, la elaboración de nuevos diseños o productos en función del conocimiento del cliente final, la utilización de nuevas tecnologías, la aplicación de nuevas funciones dentro de la cadena de valor y otras acciones que conlleven una mayor competitividad. La actualización puede implicar el desarrollo de productos, la transferencia de tecnologías, la capacitación de trabajadores, unos vínculos regresivos efectivos con los proveedores, así como el uso de la informática para que las empresas puedan identificar nuevos mercados y competir en los mismos. La organización de microempresas y pequeñas empresas a menudo constituye un primer paso hacia la creación de vínculos regresivos eficaces hacia sus proveedores.

Análisis de la cadena de valor se centra en las dinámicas de los vínculos internos en un sector productivo, especialmente en la manera en que se integran a nivel global las empresas y los países. Aunque este tipo de análisis incluye una descripción de los agentes implicados en la cadena de valor y un análisis de las limitaciones presentes a lo largo de la cadena (como en los análisis sectoriales tradicionales), corrige uno de los puntos débiles de los análisis tradicionales, que suelen ser estáticos y limitarse al territorio nacional. El análisis de las cadenas de valor se centra en las interrelaciones, por lo que revela el flujo dinámico de las actividades económicas, organizativas y coactivas entre los productores dentro de diferentes sectores, incluso a escala global (véase también la definición de *Análisis de mercados*).

Análisis de mercados[1] proceso consistente en la evaluación y el conocimiento de los factores y las características clave de un sistema de mercado para poder predecir cómo se comportarán los precios, la disponibilidad y el acceso en el futuro, así como las decisiones relativas a la realización o no de una intervención y el modo de intervenir. «Evaluación de mercados» también puede utilizarse para describir este proceso (véase también *Análisis de la cadena de valor*).

Cadena de mercado véanse las definiciones de *Subsector*, *Cadena de valor* y *Sistemas de mercado*.

Cadena de valor describe toda la gama de actividades necesarias para llevar un producto o un servicio desde su concepción hasta más allá de su uso final e incluye actividades como el diseño, la producción, la comercialización, la distribución y los servicios para el usuario final. Las actividades que comprende la cadena de valor pueden concentrarse en una única empresa o dividirse entre varias. Las actividades de la cadena de valor pueden desarrollarse en una única ubicación geográfica o en áreas más amplias. Las cadenas de valor globales se dividen entre varias empresas y se reparten por amplias zonas geográficas. Las pruebas demuestran que las cadenas de valor globales se volvieron mucho más frecuentes y complejas hacia fines del siglo XX. En la actualidad, el proceso de desarrollo económico no puede aislarse de estos sistemas globales. Esto significa que las empresas y los trabajadores que se encuentran en lugares muy distantes entre sí tienen más influencia los unos sobre los otros que en el pasado. Algunos de estos efectos son bastante directos, como cuando una empresa de un país abre una nueva fábrica o un centro de ingeniería en otro país. Otros son más complejos, como los casos en los que una empresa de un país firma un contrato con una compañía en otro para coordinar la producción en las fábricas de otra empresa más en un tercer país y así sucesivamente (véase la definición de *Subsector*).

Competitividad la capacidad de una empresa o un país para competir con éxito con otras empresas o países en función de su precio, calidad, distinción, buen servicio u otros factores de valoración social o ambiental. También hace referencia al crecimiento sostenible de la productividad, que tiene como consecuencia un mejor nivel de vida para el ciudadano medio. Las posibilidades de lograr y mantener la competitividad dependen de la capacidad de innovación. Teniendo en cuenta que las ventajas competitivas de una empresa dependen del sistema comercial y el ámbito normativo en los que se desarrolla su actividad, la competitividad es interdependiente a todos los niveles con estos factores. Por tanto, el éxito a la hora de lograr un desempeño competitivo depende no sólo de la capacidad de una empresa para innovar, sino también del funcionamiento de sus vínculos ascendentes y descendentes en las respectivas cadenas de valor.

Cooperativas[2] son asociaciones autónomas de personas que se unen voluntariamente para satisfacer sus necesidades económicas, sociales y culturales comunes mediante empresas de propiedad conjunta que se gestionan de manera democrática. El modelo empresarial cooperativo se puede aplicar a cualquier actividad comercial. Existen cooperativas en sectores económicos tradicionales, como la agricultura y la pesca, los servicios financieros y al consumidor, la vivienda y la industria de producción (cooperativas de trabajadores). Asimismo, existen cooperativas también en una amplia gama de sectores y actividades, que incluyen el uso compartido de vehículos (carsharing), el cuidado de niños, la asistencia sanitaria y social, los funerales, las orquestas y filarmónicas, las instituciones educativas, el deporte, el turismo, los servicios básicos (p. ej., suministro eléctrico, de agua, de gas, etc.) y el transporte (taxis, buses, etc.). (Véanse también las definiciones de los *Activos grupales* y *Grupos de productores*).

Cooperación entre empresas se define como un acuerdo estratégico entre dos o más negocios que implica el intercambio, la propiedad compartida o el desarrollo conjunto de productos, tecnologías o servicios. Abarca diversos tipos de acuerdos entre microempresas, pequeñas empresas, medianas empresas y grandes empresas, incluidas las relaciones para la concesión de licencias y la subcontratación, las tecnologías, la comercialización y otros tipos de alianzas estratégicas. La principal motivación de esta cooperación es la mejora de la competitividad o el poder en el mercado, la disminución de los costos de las operaciones y el acceso a conocimientos y aprendizaje de carácter organizativo. La cooperación entre empresas puede resultar un mecanismo eficaz para la capacitación en áreas como la tecnología, la mejora de la calidad de productos y procesos, la comercialización y los conocimientos administrativos prácticos, especialmente para las microempresas, las pequeñas empresas y las medianas empresas (véanse también las definiciones de *Vínculos empresariales, Cooperativas* y *Grupos de productores*).

Corrupción[3] el abuso del poder encomendado con el propósito de obtener beneficios personales, lo cual incluye la corrupción financiera en forma de fraude, cohecho y soborno. Este abuso de poder también abarca formas no financieras de corrupción, como la manipulación o la desviación de ayuda humanitaria en beneficio de grupos a los que no debería destinarse, la asignación de recursos de asistencia a cambio de favores sexuales, el trato preferencial a los familiares o amigos en los procesos de asistencia o contratación, así como la coacción e intimidación para que los empleados o beneficiarios miren a otro lado o participen en la corrupción.

Costos de oportunidad el valor que tendría un determinado conjunto de recursos para su mejor uso alternativo. En el caso de los beneficiarios de las intervenciones de recuperación económica, el concepto hace referencia al valor de otra actividad que se habría podido llevar a cabo con sus activos en cuestión (p.ej., otras actividades que habrían realizado con su tiempo u otro cultivo que habrían podido cosechar en su tierra).

Costos financieros (también llamados costos de los fondos) costos de los fondos obtenidos por una institución de microfinanzas para sufragar los préstamos que conceden. Dependiendo del contexto, pueden incluir únicamente el costo de los intereses pagados a los depositantes u otras instituciones financieras, la tasa de inflación o también contemplar el costo de oportunidad de los fondos recibidos de los donantes, gobiernos u organizaciones caritativas en calidad de donaciones o préstamos bonificados.

Costos operativos en el ámbito de los servicios financieros, la parte de los costos de un programa que abarcan los de personal y otros costos administrativos, la depreciación de activos fijos y las pérdidas crediticias.

Crecimiento económico[4] cambio cuantitativo o expansión de la economía de un país. El crecimiento económico se suele medir por el aumento porcentual del Producto Interior Bruto (PIB) o Producto Nacional Bruto (PNB) durante un año. Una economía puede crecer de manera «extensiva» mediante el uso de una mayor cantidad de recursos (como el capital físico, humano o natural) o de forma «intensiva» mediante la utilización más eficiente (productiva) de la misma cantidad de recursos. El crecimiento económico intensivo requiere desarrollo económico.

Crédito subsidiado la concesión de préstamos con tipos de interés o cuotas que no cubren los costos totales de dicho servicio a largo plazo.

Crisis por lo general, son acontecimientos repentinos e irregulares que afectan de manera significativa la capacidad de los hogares o las empresas para generar ingresos por los medios habituales. En lo que respecta a las economías de mercado, una crisis es un acontecimiento que perturba las pautas y las tendencias comerciales establecidas. Los efectos de una crisis variarán entre los hogares, las empresas y los mercados.

Desarrollo de mercados el desarrollo de mercados, según lo define la Red SEEP, es un subcampo del desarrollo del sector empresarial, en el cual los programas tienen por objeto ayudar a las microempresas y a las pequeñas empresas a participar en los mercados existentes y potenciales en los que realizan sus actividades (incluidos los mercados de insumos y apoyo, así como los mercados finales) y a obtener más beneficio de los mismos. En vista de que las microempresas y pequeñas empresas no operan de forma aislada, sino que forman parte de un mercado más grande, en el desarrollo de mercados se procura implantar programas en los que se tengan en cuenta las fuerzas y tendencias del mercado. Para ello, es posible que resulte necesario que los programas funcionen no solo a nivel de las pequeñas empresas o familias individuales, sino además con empresas de mayor tamaño, asociaciones o instituciones gubernamentales que participen e influyan en los mercados. El objetivo fundamental de los programas relativos al desarrollo de mercados es estimular un crecimiento económico sostenible con el que se reduzca la pobreza, garantizando que los propietarios y empleados de las pequeñas empresas participen en el crecimiento y obtengan importantes beneficios.

Desarrollo de microempresas cualquier actividad realizada por donantes, gobiernos de países de acogida u organizaciones no gubernamentales para mejorar la vida de las personas pobres, fomentando la creación de microempresas y pequeñas empresas y/o el aumento de su rentabilidad.

Desarrollo económico como se trata de una disciplina amplia, los diferentes grupos lo definen en función de los grupos objetivo y los campos de aplicación. Las definiciones del termino incluyen, entre otros, los siguientes aspectos: «mejoras en la eficiencia del uso de los recursos, a fin de producir una cantidad de productos y servicios igual o superior con menos insumos de capital natural, fabricado y humano»[5] y «el proceso por el cual las economías básicas de países de bajos ingresos se transforman en economías industrializadas modernas». Aunque en ocasiones el término se utiliza como sinónimo de crecimiento económico,[6] por lo general se emplea para describir un cambio en la economía de un país que conlleva mejoras cualitativas y cuantitativas.[7]

Desarrollo empresarial implica el apoyo a las actividades económicas por parte de personas y empresas, que van desde el trabajo por cuenta propia hasta las grandes operaciones comerciales, ya sean formales o informales. Esto puede incluir el apoyo directo a empresas, pero también se refiere a las intervenciones que ayudan a un sistema de mercado completo o a la cadena de valor a funcionar de manera más eficaz y de modo que ayude a los beneficiarios objetivo a incrementar sus ingresos.

Desplazados internos personas o grupos de personas que se han visto obligadas a dejar sus hogares o lugares de residencia sin cruzar las fronteras reconocidas internacionalmente de otros Estados, especialmente a consecuencia de conflictos armados, situaciones de violencia generalizada, violaciones de derechos humanos, desastres naturales o desastres provocados por el hombre, o para evitar los efectos derivados de estas situaciones.

Emprendimiento social[8] los emprendedores sociales impulsan la innovación y la transformación social en diversos campos, como, por ejemplo, la educación, la sanidad, el medioambiente y el desarrollo empresarial. Uno de los objetivos de estos agentes es mitigar la pobreza a través de su entusiasmo emprendedor, sus métodos empresariales y su motivación para innovar y mejorar las prácticas tradicionales. Al igual que los emprendedores empresariales, los emprendedores sociales crean organizaciones sólidas y sostenibles, las cuales se fundan como organizaciones sin fines lucrativos o sociedades.

Empresa⁹ cualquier entidad que desempeña alguna actividad económica, independientemente de su forma jurídica. Los programas de desarrollo empresarial se centran en los trabajadores autónomos, los negocios familiares, las asociaciones empresariales o los negocios colectivos (p. ej., asociaciones, cooperativas o grupos informales), que realizan regularmente una actividad económica (para conocer la definición de microempresas, pequeñas empresas y medianas empresas en función de sus ingresos y del número de empleados, véase *Microempresa*).

Enfoque en fases planteamiento para elaborar programas basado en el principio de que cualquier proyecto puede dividirse en varias etapas. Cada fase tiene un punto de partida claro, ciertas tareas bien definidas y un fin preciso.

Entorno propicio un entorno con políticas, normativas, instituciones y una gestión económica general que posibilite el crecimiento económico.

Estrategia de salida plan o estrategia para cesar las subvenciones de una intervención, dejando mejoras sostenibles en el sector privado.

Estrategias de adaptación los esfuerzos que hace una familia para hacer frente a las alteraciones en sus fuentes de ingresos. Algunos ejemplos comunes de posibles estrategias negativas de adaptación son la reducción del consumo diario de alimentos, el consumo de alimentos más económicos, la reducción del gasto familiar en elementos como la ropa, los cuidados sanitarios y la educación, y la reducción del número de dependientes en el hogar.

Evaluación por lo general, el término hace referencia a las determinaciones posteriores a las intervenciones en lo que respecta a la eficacia y los efectos de los programas, como, por ejemplo, los resultados y el impacto (*MERS*; véase también la definición *de valoración*).

Evaluación del impacto proceso por el cual se evalúa el impacto de un proyecto y se demuestran sus consecuencias mediante la comparación de sus resultados reales frente a una situación hipotética (una estimación de lo que habría sucedido si el proyecto no se hubiera implementado). A veces se miden los impactos mediante un sondeo de opiniones de los participantes o expertos. Mientras tales indagaciones cualitativas pueden efectivamente complementar los estudios longitudinales, no constituyen sustitutos satisfactorios de las metodologías superiores. La mejor forma de valorar el impacto de un proyecto es a través de una encuesta por muestreo longitudinal en la que se aplique una metodología experimental o semiexperimental para comparar una muestra de los participantes en el proyecto con un grupo de control compuesto por personas no participantes, pero similares a ellas en otros aspectos. En ocasiones, el impacto se mide a través de encuestas con participantes o expertos en una materia. Aunque estas investigaciones cualitativas pueden servir como suplemento eficaz para las encuestas longitudinales, no sustituyen de manera satisfactoria los enfoques longitudinales.

Evaluación de mercados[10] herramienta de diagnóstico que identifica las condiciones y tendencias de los mercados en un momento concreto, antes y después de una situación de crisis; la oferta y la demanda de bienes y servicios; las características y los cuellos de botella de las cadenas de suministro y valor; las consecuencias de las crisis en los mercados; la disponibilidad de diferentes tipos de oportunidades que generen ingresos; los puestos de trabajo y el desarrollo empresarial; y el grado de acceso y los obstáculos de las poblaciones afectadas por crisis.

Evaluación rápida[11] procedimiento consistente en visitas a varios lugares para recopilar datos primarios (nuevos) a través de informantes y grupos de entrevistas clave y, en ocasiones, cuestionarios a un número limitado de familias. Su objetivo es conocer una situación lo suficientemente bien para decidir el tipo, la escala y el desarrollo cronológico de las respuestas necesarias. Por lo general, el informe derivado de una evaluación rápida se realizará en el plazo de una semana, si la zona es pequeña o la población homogénea, y en seis semanas, si la zona o la población afectada es grande o heterogénea.

Facilitador una institución o un proyecto que presta apoyo indirecto para el desarrollo del sector privado. En vez de prestar servicios de manera directa, un facilitador coordina intervenciones que fortalezcan la capacidad local para proveer servicios comerciales o soluciones (a limitaciones recurrentes), preferiblemente por medio de los agentes existentes en el sector privado. Estos servicios o soluciones pueden incluir el acceso a mercados, el desarrollo/diseño de productos, el acceso a tecnologías, las actividades de formación, la consultoría, los vínculos con los servicios financieros, las mejoras de la producción o los servicios de asesoría legal.

Grupos de productores conjunto de particulares que elaboran productos similares y se organizan con el objetivo de lograr economías de escala y mayor eficiencia en la producción o comercialización. Gracias a este tipo de organizaciones (de carácter cooperativo), las microempresas y las pequeñas empresas logran lo siguiente: 1) mejorar su acceso a materias primas a menor costo mediante su adquisición a granel; 2) aumentar su eficiencia compartiendo sus capacidades y recursos de producción; 3) mejorar la calidad y comerciabilidad de sus productos mediante la aplicación de normas comunes de producción y especificaciones determinadas por el mercado; 4) incrementar el acceso al financiamiento disponible; 5) obtener servicios comerciales esenciales mediante mecanismos integrados o de cobro por servicios; y 6) mejorar su posición en el mercado al ofrecer las calidades, las cantidades y los tipos de productos que exigen múltiples compradores (véanse también las definiciones de *Cooperativas* y *Cooperación entre empresas.*)

Grupos vulnerables grupos de personas habitualmente excluidas, desfavorecidas o marginadas a causa de sus características económicas, ambientales, sociales o culturales. Aunque muchos grupos encajan con esta descripción (p. ej., las personas con discapacidad, los enfermos de VIH y los refugiados), las poblaciones muy pobres, las mujeres desfavorecidas y los jóvenes en situación de alto riesgo son los tres grupos a los que habitualmente se dirigen los programas de desarrollo. Es importante tener en cuenta que estos grupos no son homogéneos y que no todas las personas que forman parte de estos grupos son necesariamente vulnerables. En concreto, hay muchas mujeres y muchos jóvenes cuyas circunstancias individuales y situación social no les hacen vulnerables.

Impacto el cambio que se intenta conseguir en algún objetivo de gran alcance de un programa, como, por ejemplo, los relativos al crecimiento empresarial o a los ingresos domésticos. Este concepto debe diferenciarse de los resultados intermedios de los proyectos, tales como el número de productores organizados o la cantidad de actividades de formación llevadas a cabo.

Inclusión financiera[12] la prestación de un conjunto completo de servicios financieros de buena calidad a personas y entidades con capacidad financiera por parte de diversos proveedores.

Institución/organización de microfinanzas (IMF u OMF) organización cuya única actividad o actividad principal consiste en la prestación de servicios financieros a las microempresas.

Integración de mercados un sistema de mercados es integral cuando los vínculos entre los agentes de los mercados locales, regionales y nacionales están funcionando bien. En un sistema de mercados integral, cualquier desequilibrio en la oferta y la demanda en un área se compensa por los movimientos relativamente sencillos de bienes de otros mercados cercanos y regionales.

Intervenciones con efectivo[13] todos los programas en los que se proporciona de forma directa dinero en efectivo (o vales para productos o servicios) a los beneficiarios. En el ámbito de la ayuda humanitaria, el término hace referencia al suministro de dinero en efectivo o vales para personas, hogares o comunidades, no a gobiernos ni otras entidades públicas. Estas intervenciones abarcan todas las modalidades de asistencia basada en el dinero en efectivo, incluidos los bonos, pero sin incluir los envíos de dinero y las microfinanzas en las intervenciones de carácter humanitario (aunque es posible que las instituciones de microfinanzas y transferencias de dinero se utilicen para la entrega efectiva de dinero). (Véase también *Transferencia de efectivo*).

Intervenciones indirectas respuestas que involucran a comerciantes, mayoristas, funcionarios o legisladores (cualquier parte que no sea el beneficiario objetivo de la intervención) y generan beneficios para la población objetivo final. Un ejemplo de la intervención indirecta sería la rehabilitación de infraestructuras clave, a fin de aumentar el comercio y crear puestos de trabajo para las personas afectadas por la crisis (*MERS*).

Inventarios de ecosistemas sensibles (IES)[14] procedimiento sistemático consistente en la identificación y análisis cartográfico de ecosistemas terrestres frágiles y en riesgo ecológico que se realiza en una zona concreta con el objetivo de incentivar decisiones relativas al uso de terrenos que garanticen la integridad continuada de dichos ecosistemas.

Mediana empresa véanse las definiciones de *Microempresa* y *Pequeña y mediana empresa*.

Medios de vida[15] este concepto comprende las capacidades, los activos (incluidos los recursos materiales y sociales) y las actividades que se necesitan como medios de vida. Los medios de vida se conservan si pueden soportar diversas situaciones de tensión y crisis y recuperarse de las mismas, preservando o mejorando sus activos y capacidades sin debilitar su base de recursos naturales. La definición que ofrece ACNUR de este término es la siguiente: «Los medios de vida son aquellas actividades que permiten a las personas asegurar sus necesidades básicas para vivir, como el agua, el alojamiento y la ropa. La realización de las actividades de subsistencia conlleva la adquisición de conocimientos y aptitudes, el desarrollo de redes sociales, la obtención de materias primas y otros recursos para satisfacer las necesidades personales y colectivas de manera sostenible y con dignidad».[16]

Mercado[17] cualquier estructura formal o informal (no tiene que ser necesariamente un espacio físico) en la que compradores y vendedores intercambian bienes, trabajos o servicios a cambio de dinero u otros bienes. La palabra *mercado* puede hacer referencia simplemente al lugar en el que se intercambian bienes o servicios. En algunos casos, los mercados quedan definidos por las fuerzas de la oferta y la demanda en lugar de por su ubicación geográfica (p. ej., si los cereales importados suponen el 40 % del mercado).

Microempresa empresa muy pequeña cuya propiedad y administración corresponde a personas pobres, la cual desarrolla su actividad generalmente en el sector informal, con 10 trabajadores o menos, incluidos el microempresario y cualquier trabajador familiar no remunerado. Este concepto incluye también a las empresas dedicadas a la producción agrícola, siempre que su actividad se ajuste a la definición en los demás aspectos (USAID). Asimismo, el Banco Mundial define una microempresa como aquella que posee activos por un valor total de hasta 100 000 dólares y cuyas ventas anuales ascienden hasta los 100 000 dólares (no obstante, hay que tener en cuenta que aunque estas cifras coinciden con las de la mayoría de instituciones financieras internacionales, dependerán en gran medida de la definición del concepto).[18] Por su parte, la Comisión Europea define microempresa como aquella con menos de 10 trabajadores y unos ingresos anuales o un balance anual que no supere los 2 millones de euros.[19] (Véase también la definición de *Pequeña y mediana empresa*).

Microempresario propietario y administrador de una microempresa, en algunos casos, una persona desfavorecida económica, social o educativamente y que, por lo general, no tiene acceso al sistema bancario comercial regulado y a servicios para el desarrollo de negocios tradicionales.

Microfinanzas la prestación de servicios financieros adaptados a las necesidades de personas con poco ingresos, como los microempresarios, especialmente la concesión de pequeños créditos, la aceptación de pequeños depósitos en ahorro y la prestación de los servicios que necesitan los microempresarios y otras personas que carezcan de acceso a los principales servicios financieros.

Modalidad[20] forma de transferencia de activos (efectivo, vales, en especie o una combinación de estas).

Negocio cualquier trabajo, profesión, oficio o entidad que realice una actividad económica con fines lucrativos (véanse también *Empresa* y *Microempresa*).

Optimización de datos proceso consistente en la integración de mediciones y cálculos y la recopilación de datos en las principales actividades empresariales de una compañía, así como en la utilización de las herramientas adecuadas para recopilar información rápidamente, a fin de mejorar la percepción sobre su rendimiento, al mismo tiempo que se reducen el tiempo y los costos con respecto a los planteamientos de medición y análisis tradicionales (MERS).

Organización ejecutora en el contexto de la recuperación económica, se refiere a cualquier organización gubernamental o no gubernamental que presta directamente servicios financieros o asistencia no financiera a microempresas, o que realiza otras actividades cuyo propósito es mejorar el entorno para el funcionamiento de las microempresas.

Pequeñas y medianas empresas (pymes) el Banco Mundial define las pequeñas empresas como aquellas con un máximo de 50 empleados, activos por un valor total de hasta 3 millones de dólares y unas ventas totales de hasta 3 millones de dólares. Por su parte, define las medianas empresas como aquellas con un máximo de 300 empleados, activos por un valor de hasta 15 millones de dólares y unas ventas anuales totales por valor de hasta 15 millones.[21] La Comisión Europea define las pequeñas empresas como aquellas con menos de 50 empleados y unos ingresos o un balance anual que no superen los 10 millones de euros. Por su parte, define las medianas empresas como aquellas con menos de 250 empleados y unos ingresos o un balance anual que no superen los 43 millones de euros.[22] En ocasiones también se abrevia este término como mipymes: micro, pequeñas y medianas empresas (véanse también las definiciones de *Empresa* y *Microempresa*).

Programación orientada al mercado (también llamada *Intervención orientada al mercado*) describe los proyectos que funcionan o que ayudan en los mercados locales. Estos programas abarcan todos los tipos de interacciones con los sistemas de mercado, desde las acciones para llevar a cabo una intervención de ayuda humanitaria hasta el fortalecimiento proactivo y la catalización de los sistemas o los centros de mercado locales.

Protección de activos en la mayoría de los casos se refiere a la prevención de la venta o el consumo de los activos mediante transferencias de dinero en efectivo o activos (p. ej., vales o ayuda alimentaria. El término también describe las actividades que tienen por objeto proteger físicamente los activos naturales y domésticos, y garantizar el acceso a activos a gran escala o para grupos (como terrenos, agua o instalaciones de gestión colectiva), así como las iniciativas realizadas para garantizar que las leyes locales y las costumbres culturales no ponen en peligro los activos de las personas.

Recuperación económica[23] proceso que estimula el crecimiento de la economía local de una zona mediante el desarrollo de los mercados, el fortalecimiento de las empresas nuevas y las existentes y la creación de empleo en el sector privado y las instituciones públicas, incluidos los trabajos para la reconstrucción de las infraestructuras necesarias, que permitirán que funcionen los negocios y el comercio en los mercados nacionales, regionales e internacionales. La recuperación económica posterior a un conflicto o a un desastre debe ser un proceso de transformación a través del cual se reconstruya de manera diferente y con el objetivo de mejorar. Para ello, es necesaria «una combinación de diversas reformas de amplio alcance en materia económica, institucional, jurídica y normativa» que sirva de base para generar un desarrollo autosostenible.

Reducción del riesgo de desastres[24] el concepto y las prácticas de reducción del riesgo mediante iniciativas sistemáticas para analizar y gestionar los factores causales. Estas iniciativas consisten en la reducción del grado de exposición a las amenazas, la disminución de la vulnerabilidad de la población y las propiedades, una gestión sensata de la tierra y del entorno y la mejora de la preparación para afrontar acontecimientos adversos.

Remesas[25] se definen como «los ingresos o bienes recibidos por personas o familias de otras partes que viven en otros lugares». Por lo general, consisten en envíos de dinero que los migrantes ganan fuera de sus países y envían a sus familias, a su hogar, mediante transferencias formales (es decir, a través de bancos o entidades dedicadas a envíos de remesas) o transferencias informales (es decir, a través de canales sociales o no regulados).

Resistencia[26] la capacidad que tienen las personas, las familias, las comunidades, los países y los sistemas para mitigar las situaciones de crisis y tensión, adaptarse a ellas y recuperarse de las mismas, de tal modo que se reduzca su vulnerabilidad y se facilite un crecimiento inclusivo.

Salarios justos[27] escalas salariales y mecanismos para la fijación de salarios que permitan a los trabajadores ganarse la vida (cumpliendo las normativas nacionales relativas a los salarios), garanticen unos ajustes salariales justos y propicien una evolución salarial equilibrada en las empresas (en lo que respecta a la disparidad salarial, las aptitudes, el desempeño individual y colectivo, la comunicación interna apropiada y las negociaciones colectivas sobre los salarios).

Sector formal/economía formal[28] el sector formal y la economía formal hacen referencia a las unidades económicas reguladas (por ejemplo, los negocios), así como a los trabajadores regulados y protegidos. Dicho de otra manera, el sector formal comprende todas aquellas actividades económicas y empresas que son reguladas y/o gravadas por el gobierno (véase también *Sector informal/economía informal*).

Sector informal/economía informal el sector o la economía informal, también llamada segunda economía hace referencia al trabajo que no está regulado o gravado por el gobierno. Este concepto abarca múltiples actividades y diversos tipos de relaciones con respecto al trabajo y el empleo. El sector informal puede incluir a empleados autónomos (en sus propias actividades y negocios familiares), trabajadores remunerados en empresas no reguladas, empleados del sector formal que realizan además segundas actividades económicas informales, trabajadores no remunerados en negocios familiares, trabajadores ocasionales sin empleadores fijos y trabajadores subcontratados vinculados con empresas formales o informales. La inmensa mayoría de los trabajadores del mundo, incluidos los más pobres, se encuentran en el sector informal[29] (véase también *Sector formal/economía formal*).

Sector privado[30] se compone de las entidades gestionadas por particulares o grupos privados, generalmente como medio para obtener beneficios. Por el contrario, las empresas estatales son parte del sector público. Por su parte, las organizaciones privadas sin ánimo de lucro son consideradas parte del sector del voluntariado (no obstante, los gobiernos, las empresas estatales y las organizaciones sin ánimo de lucro están presentes en diversos sistemas de mercado, por ejemplo, como empleadores, compradores de bienes y servicios, y, en ocasiones, como proveedores de bienes y servicios.)

Servicios financieros en el contexto del desarrollo empresarial, estos servicios incluyen créditos, ahorros, envíos de dinero, seguros, arrendamientos con opción de compra y tarjetas de crédito (véase la definición de *Microfinanza*). Por lo general, estos servicios se dirigen a personas con bajos ingresos, pero también pueden destinarse a empresas grandes con el fin de crear oportunidades de empleo para personas con escasos recursos económicos.

Sistema de mercado la compleja red de personas, estructuras comerciales y reglas que determinan la forma en que se produce, se intercambia y se tiene acceso a un bien o servicio en particular. Se puede considerar una red de agentes del mercado apoyada por diversos tipos de infraestructuras y servicios, que interactúan dentro de las reglas de contexto y las normas que forman su entorno empresarial (véanse también las definiciones de *Cadena de valor* y *Subsector*)

Sostenibilidad la sostenibilidad del impacto de un proyecto requiere que se desarrollen capacidades a nivel local para hacer frente a las limitaciones recurrentes. Las limitaciones recurrentes en la cadena de valor se deben abordar con iniciativas para reformar las políticas y las normativas, así como a través de soluciones comerciales que apoyen los servicios (comerciales y financieros) y la mejora de los insumos. Además, las intervenciones deben ser de carácter temporal y debe elaborarse una estrategia de retirada desde el inicio (no al final del proyecto), a fin de asegurar que los impactos sean sostenibles una vez finalizadas las actividades del proyecto.

Sostenibilidad financiera la medida en que una organización recauda suficientes ingresos por sus servicios para cubrir la totalidad de los costos de sus actividades, incluidos costos de operación, los costos financieros (véase también la definición de *Costos financieros*) y las pérdidas esperadas.

Sostenibilidad financiera total situación en la que los ingresos que genera una organización a través de sus clientes cubren la totalidad de los costos (de oportunidad) implícitos en sus actividades, permitiéndole así operar a un ritmo estable o creciente sin el apoyo constante de los gobiernos, donantes u organizaciones de beneficencia. En el caso de las instituciones de servicios financieros, la sostenibilidad financiera total requiere que los intereses y las tasas que la institución percibe por sus créditos sean iguales o superiores a la suma de sus costos operativos y financieros, valorándose éstos últimos según su costo de oportunidad.

Sostenibilidad/autosuficiencia operativa situación en la que una organización genera suficientes ingresos a partir de sus clientes como para cubrir la totalidad de sus costos operativos.

Subsector[31] todas las empresas que compran y venden entre sí para poder ofrecer una serie de productos o servicios a los consumidores finales (véase también *Cadena de valor*).

Subsidio en el contexto de la recuperación económica, se trata de la situación que se da cuando alguien que no es el usuario de un bien o servicio (p. ej., una ONG o el gobierno) paga todo o parte de su costo, de tal modo que el usuario final no paga la totalidad del precio (*MERS*).

Tasa de mercado los tipos de interés o las cuotas que se ofrecen predominantemente en el mercado reflejan la oferta y la demanda de un servicio y los costos de la prestación de dicho servicio.

Trabajo digno[32] el término resume las aspiraciones de las personas con respecto a su vida laboral. Este concepto implica que haya oportunidades para conseguir un empleo que sea productivo y genere unos ingresos justos; que brinde seguridad en el lugar de trabajo y protección social para los trabajadores y sus familias; que ofrezca buenas perspectivas para el desarrollo personal y fomente la integración social; que conceda a las personas la libertad para expresar sus inquietudes para organizarse y participar en las decisiones que afectan sus vidas; y que garantice la igualdad de oportunidades y el tratamiento igualitario para todos, hombres y mujeres.

Trabajo infantil[33] por lo general, se define como el trabajo por el que se priva a los niños de su infancia, su potencial, su dignidad y que perjudica su desarrollo físico y mental. Se refiere al trabajo que es mental, física, social o moralmente peligroso o nocivo para los niños e interfiere en su educación, privándoles de la oportunidad de asistir a la escuela y obligándoles a abandonarla de forma prematura o haciéndoles combinar su asistencia a la escuela con trabajos de duración excesiva y duros.

Transferencia de efectivo[34] la prestación de ayuda mediante dinero (ya sea físico/efectivo o dinero electrónico) a los beneficiarios (personas, hogares o comunidades). Las trasferencias de efectivo constituyen una modalidad de ayuda distinta a los de los vales o las ayudas en especie.

Valor añadido (véase también la definición de *Actualización*).

Valoración por lo general, el término hace referencia a la investigación (tanto presencial como secundaria) realizada sobre los sistemas de mercado, los beneficiarios y las condiciones del entorno antes y, periódicamente, durante una intervención dirigida a la recuperación (*MERS*; véase también el término *evaluación*).

Vínculos del mercado (véanse las definiciones de Vínculos empresariales, *Análisis de la cadena de valor* y *Subsector*).

Vínculos empresariales son relaciones empresariales de beneficio mutuo entre empresas que se encuentran al mismo nivel (relación horizontal) o en diferentes niveles (relación vertical) de la cadena de valor con las que se abordan las limitaciones presentes en todos los niveles de la cadena a fin de que todas las partes salgan beneficiadas. En ocasiones, se hace referencia a los vínculos empresariales como vínculos de mercado (véanse también *Vínculos horizontales* y *Vínculos verticales*).

Vínculos horizontales las interacciones relativas y no relativas a los mercados y las relaciones entre las empresas y las personas que realizan la misma función en un sistema de mercado (p. ej., entre varios mayoristas). Este tipo de vínculos suelen ser acuerdos cooperativos de larga duración entre empresas que implican interdependencia entre ellas, confianza y unión de recursos para poder cumplir objetivos comunes. Tanto los vínculos horizontales formales como los informales pueden ayudar a reducir los costos de las transacciones, crear economías de escala y contribuir a la eficiencia y competitividad de un sector. Este tipo de relaciones también facilitan el aprendizaje colectivo y el reparto de riesgos, al tiempo que aumentan las posibilidades de mejora e innovación.

Vínculos verticales los vínculos entre agentes de diferentes niveles de una cadena de valor o un sistema de mercado, como, por ejemplo, compradores y vendedores. Además de las actividades de compra y venta, los vínculos verticales permiten el intercambio de conocimientos, información y servicios.

Notas

1. Adaptación de Albu, M. (2010) *Emergency Market Mapping and Analysis Toolkit*, Rugby y Oxford: Practical Action Publishing y Oxfam GB.
2. Alianza Cooperativa Internacional (ACI), <http://ica.coop/en/whats-co-op/co-operative-identity-values-principles>
3. Transparencia internacional (2016) <http://www.transparency.org/>.
4. Soubbotina, Tatyana P. (2004) *Beyond economic growth: an introduction to sustainable development*. Recursos de aprendizaje del instituto del Banco Mundial. Washington DC: Banco Mundial, <http://documents.worldbank.org/curated/en/454041468780615049/Beyond-economic-growth-an-introduction-to-sustainable-development>.
5. UNESCO, <http://www.unesco.org/education/tlsf/extras/tlsf_glossary.html>
6. Enciclopedia Británica, <https://www.britannica.com/topic/economic-growth>
7. Enciclopedia Británica, <https://www.britannica.com/topic/economic-development>
8. Schwab Foundation for Social Entrepreneurship (sin fecha) «What is a social entre-preneur?», <http://www.schwabfound.org/content/what-social-entrepreneur>.
9. Comisión Europea (2003), «Recomendación del 6 de mayo de 2003 sobre la definición de microempresas, pequeñas y medianas empresas (notificada con el número C(2003) 1422)», *EUR-Lex*, <http://eur-lex.europa.eu/LexUriServ/LexUriServ.do?uri=CELEX:32003H0361:EN:NOT>.
10. DPNU, Livelihoods and Economic Recovery in Crisis Situations, <http://www.undp.org/content/dam/undp/library/crisis%20prevention/20130215_UNDP%20LER_guide.pdf>
11. Proyecto Esfera (2011) «Glosario», *Carta humanitaria y normas mínimas de respuesta humanitaria*, <http://www.sphereproject.org/handbook/glossary/?l=D&page=2>.
12. Cash Learning Partnership (CaLP) (sin fecha) «Glossary of cash transfer programme terminology», <http://www.cashlearning.org/resources/glossary>.
13. Cash Learning Partnership (CaLP) (sin fecha), «Glossary of cash transfer programme terminology», <http://www.cashlearning.org/resources/glossary>.
14. La Red de Salario Justo (sin fecha), «Definición de salario justo», <http://www.fair-wage.com/en/fair-wage-approach-menu/definition-of-fair-wages.html>.
15. DPNU, Nota orientativa sobre recuperación y medios de vida, <http://www.unisdr.org/files/16771_16771guidancenoteonrecoveryliveliho.pdf>
16. Alto Comisionado de las Naciones Unidas para los Refugiados (ACNUR, 2014) *Estrategia global de medios de vida para el periodo 2014–2018*, <http://www.unhcr.org/530f107b6.pdf>.
17. Comité Internacional de Rescate (IRC, por sus siglas en inglés), (2016), *Revised Pre-crisis Market Analysis (PCMA)*, <http://www.emma-toolkit.org/sites/default/files/bundle/PMCA_FINAL_WEB.pdf>.
18. Banco Mundial, <http://documents.worldbank.org/curated/en/819161468766822276/pdf/multi0page.pdf>.

19. Comisión Europea (2003), «Recomendación del 6 de mayo de 2003 sobre la definición de microempresas, pequeñas y medianas empresas (notificada con el número C(2003) 1422)», *EUR-Lex,* <http://eur-lex.europa.eu/LexUriServ/ LexUriServ.do?uri=CELEX:32003H0361:EN:NOT>.
20. Cash Learning Partnership (CaLP) (sin fecha) «Glossary of cash transfer programme terminology», <http://www.cashlearning.org/resources/glossary>.
21. Banco Mundial, «Small and Medium Enterprise Development», <http://www2. ifc.org/sme/html/sme_definitions.html>.
22. Comisión Europea (2003), «Recomendación del 6 de mayo de 2003 sobre la definición de microempresas, pequeñas y medianas empresas (notificada con. el número C(2003) 1422)», *EUR-Lex,* <http://eur-lex.europa.eu/LexUriServ/ LexUriServ.do?uri=CELEX:32003H0361:EN:NOT>.
23. Comisión de Mujeres Refugiadas (WRC) (2009), *Building Livelihoods: A Field Manual for Practitioners in Humanitarian Settings,* Nueva York: WRC.
24. Proyecto Esfera (2011) «Glosario», *Carta humanitaria y normas mínimas de respuesta humanitaria,* <http://www.sphereproject.org/handbook/glossary/?l= D&page=2>.
25. Comisión de Mujeres Refugiadas (WRC) (2009), *Building Livelihoods: A Field Manual for Practitioners in Humanitarian Settings,* Nueva York: WRC.
26. Agencia de Estados Unidos para el Desarrollo Internacional (2015), «Resilience at USAID», <https://scms.usaid.gov/sites/default/files/documents/ 1867/06.30.2015%20-%20Resilience%20Fact%20Sheet.pdf>.
27. Ministerio de Medio Ambiente (2016), «Sensitive ecosystems inventories», Gobierno de Columbia Británica, <http://www.env.gov.bc.ca/sei/>.
28. Chen, M.A. (2007), 'Rethinking the informal economy: linkages with the formal economy and the formal regulatory environment', Documento de trabajo n.º 46, ST/ESA/2007/DWP/46 del DAES, Nueva York: Departamento de Asuntos Económicos y Sociales de la ONU, <http://un.org/esa/desa/papers/2007/ wp46_2007.pdf>.
29. Mujeres en empleo informal, <http://www.wiego.org>, y la OIT (2017), «Economía informal», <http://ilo.org/global/topics/employment-promotion/infor-mal-economy/lang--en/index.htm>.
30. Wikipedia (2016b) «Sector privado», <http://en.wikipedia.org/wiki/Private_sector>.
31. Lusby, F. y Panlibuton, H. (2004), «*Promoting Commercially Viable Solutions to Sub-Sector and Enterprise Development Constraints*», Arlington, VA: Action for Enterprise.
32. Organización Internacional del Trabajo (OIT) (2017), «Temas», <http://www.ilo. org/global/topics/lang--en/index.htm>.
33. Organización Internacional del Trabajo (OIT) (2017), «Temas», <http://www.ilo. org/global/topics/lang--en/index.htm>.
34. Cash Learning Partnership (CaLP) (sin fecha), «Glossary of cash transfer programme terminology», <http://www.cashlearning.org/resources/glossary>.

Equipo de desarrollo de normas

La revisión de las *Normas mínimas para la recuperación económica* y la redacción de la tercera edición no hubieran sido posibles sin la dedicación y la ardua labor realizada por todas las personas que han participado, de una u otra forma, en el proceso de revisión. Nos gustaría expresar nuestro sincero agradecimiento a los más de 150 profesionales y expertos que han contribuido a este extenso proceso consultivo y asistieron a las reuniones de trabajo regionales celebradas en Washington DC, Ginebra, Dakar, la ciudad de Panamá, Nueva Delhi, Beirut y Londres. También debemos reconocer la colaboración de los expertos lectores que aportaron valiosos comentarios sobre las versiones preliminares del manual de las *MERS*. Por último, queremos transmitir nuestro más profundo agradecimiento a las siguientes personas, que han desempeñado un papel fundamental en este proceso de revisión, aportando su tiempo, sus conocimientos y su energía para elaborar esta tercera edición (algunas de estas personas ya no trabajan en las organizaciones que se enumeran a continuación, pero aparecen mencionadas como reconocimiento al compromiso de esas entidades):

Miembros del grupo de trabajo técnico

Kyhl Amosson, World Vision International
Nicholas Anderson, Save the Children
Ziad Ayoubi, ACNUR
Dina Brick, Catholic Relief Services
Deena Burjojee, Access Alliance LLC
Karri Byrne, Consultor independiente
Oscar Caccavale, Programa Mundial de Alimentos
Ruth Campbell, ACDI/VOCA
Jerry Cole, Red Rose
Mayada El-Zoghni, CGAP
Alfred Hamadziripi, World Vision International
Nicole Hark, Lutheran World Relief
Shoshana Hecker, Hecker Consulting
Alison Hemberger, Mercy Corps
Christopher Herby, Cruz Roja estadounidense
Christine Knudsen, Proyecto Esfera
Emma Jowett, Consultor independiente

David Leege, Catholic Relief Services
Meredith Maynard, Relief International
Scott Merrill, CARE
Lili Mohiddin, Consultora independiente
Jenny Morgan, La red SEEP
Jan Morrow, Samaritan's Purse
Stefanie Plant, Comité Internacional de Rescate (IRC)
Zaki Raheem, DAI
Regina Saavedra, ACNUR
Tom Shaw, Catholic Relief Services
Barri Shorey, Comité Internacional de Rescate (IRC)
Eaw Sierzynska, Global Communities
Emily Sloane, Comité Internacional de Rescate (IRC)
Matthew Soursourian, CGAP
Louise Sperling, Catholic Relief Services
Alexa Swift, Mercy Corps
Alexi Taylor-Grosman, Trickle Up

Comité de Dirección de las MERS

Ziad Ayoubi, ACNUR

Karri Byrne, Consultora independiente

Alison Hemberger, Mercy Corps

Joseph Mariampillai, Relief International

Scott Merrill, CARE

Tom Shaw, Catholic Relief Services

Julien Schopp, InterAction

Coordinadora principal: Sarah Ward, Consultora independiente

Información sobre SEEP

SEEP es una red global de aprendizaje que apoya estrategias que generan nuevas y mejores oportunidades para que las poblaciones más vulnerables, particularmente las mujeres y las personas pobres de zonas rurales, puedan participar en la dinámica de los mercados y mejorar su calidad de vida.

Fundada en 1985, La Red SEEP fue pionera en el movimiento del microcrédito y ayudó a sentar las bases de las iniciativas actuales de inclusión financiera. En las últimas tres décadas, los miembros de SEEP han servido de campo de pruebas para diversas estrategias innovadoras en las que se fomenta la inclusión, se desarrollan mercados competitivos y se mejoran los medios de vida para personas pobres en el mundo.

Los 118 miembros de SEEP operan en más de 170 países de todo el mundo. Estos miembros colaboran entre ellos y con otras partes interesadas para la transmisión de conocimientos y el fomento de la innovación, abriendo espacios para una colaboración eficaz y, sobre todo, para aumentar su repercusión.

www.ingramcontent.com/pod-product-compliance
Lightning Source LLC
Chambersburg PA
CBHW041220030426

42336CB00024B/3398